Die Fünf »Tibeter«

Vor den Erfolg haben die Götter die Achtsamkeit gesetzt.

*Das Versprechen, das Ihnen die »Tibeter« zu geben scheinen, ist kein gerin-
ges: Zugang zu Ihrer ungenutzten Lebensenergie und Wohl-Sein mit Körper,
Geist und Seele. In Wahrheit geben Sie sich das Versprechen selbst – und nur
Sie selbst können es einlösen!*

*Gönnen Sie sich also etwas: geben Sie sich Spielraum und genügend Zeit
– und die Freude der kleinen Schritte. (Die großen Schritte sind ohnehin nicht
"machbar", vielmehr ein bewußtes Geschehenlassen.) Tatsächlich wird
nur so die wohltuende Wirkung schnell – auch wenn dies widersprüchlich
erscheint – und nachhaltig erreicht.*

*Um dieses kleine Übungsprogramm solide aufzubauen, ist es wichtig, jede
Übung **zunächst nur dreimal** auszuführen, und das möglichst jeden Tag,
ein bis zwei Wochen lang. Dabei entwickeln Sie ein neues Körperbewußtsein
und fangen an, **wirklich achtsam mit Ihrem Körper** umzugehen, auf seine
Signale zu hören (wann haben Sie das zuletzt getan?). Schließlich, wenn sich
das tiefe Atmen und das leichte Üben genau so anfühlt: leicht und tief,
fügen Sie nach und nach zwei Wiederholungen hinzu usw. Dies alles ist im
Folgenden gründlich beschrieben. Und – niemand muß 21mal jede Übung
ausführen, um das "Versprechen" einzulösen ...*

*Ein besonderer Hinweis für Menschen mit unvollkommener Gesundheit,
mit Rückenproblemen (vgl. S. 75 ff) und für Schwangere: eine kompetente Be-
ratung – siehe oben – wird Ihnen zeigen, wie Sie die Fünf »Tibeter« zu Ihrem
Besten nutzen können.*

*Wenn Sie für Ihre Übungspraxis erfahrene pädagogische Begleitung su-
chen: die Adresse eines Yogalehrers oder einer Yogalehrerin an Ihrem Wohn-
ort können Sie über den Berufsverband Deutscher Yogalehrer (BDY) erfahren.
Wenden Sie sich dazu an die Geschäftsstelle BDY, Riemenschneiderstraße 4,
97250 Erlabrunn/Würzburg.*

Peter Kelder

Die Fünf »Tibeter«®

Das alte Geheimnis aus den
Hochtälern des Himalaya
läßt Sie Berge versetzen

Aus dem Amerikanischen
von *Christopher Baker*

Herausgegeben und bearbeitet
von *Volker R. Karrer*

Einführung
von *Chris Griscom*

INTEGRAL
VOLKAR-MAGNUM

Die Deutsche Bibliothek – CIP-Einheitsaufnahme
Kelder, Peter:
Die Fünf »Tibeter« : das alte Geheimnis aus den Hochtälern
des Himalaya läßt Sie Berge versetzen / Peter Kelder. Aus dem
Amerikan. von Christopher Baker. Hrsg. und bearb. von
Volker R. Karrer. – Dt. Erstausg., erw., neu überarb., 38. Aufl.,
931.–960. Tsd. – Wessobrunn : Integral, Volkar-Magnum, 1996
ISBN 3-89304-117-6

Deutsche Erstausgabe – veröffentlicht 1989 als *Lebens*Reiseführer
Erweitert, neu überarbeitet: 1991, 1993
© 1989 – 1993 Integral. Volkar-Magnum. Verlagsgesellschaft mbH.
Schloßbergstraße 15, D-82405 Wessobrunn.

38. Auflage, 931. – 960. Tausend, Oktober 1996

Die Originalausgabe erschien unter dem Titel:
Ancient Secret of the „Fountain of Youth"
– a revised, modernized and expanded edition of
„The Eye of Revelation", © 1939 by Peter Kelder.
Erschienen bei Harbor Press, Gig Harbor, Washington, USA
Herausgeber: Harry R. Lynn
©1985 by Harbor Press, Inc.

Einführung zur deutschen Ausgabe © 1988 by Chris Griscom,
Galisteo, New Mexico, USA
Herausgeber für die deutsche Ausgabe: Volker R. Karrer

Umschlaggestaltung: Zembsch' Werkstatt, München
unter Verwendung eines Fotos von Helga Belohlawek, München
Satz: Werner Weinberg, München und Fotosatz Vollnhals, Mühlhausen
Druck und Bindung: Westermann Druck, Braunschweig
Printed in Germany
...auf chlorfrei gebleichtem Papier

ISBN 3-89304-**117**-6

Inhaltsverzeichnis

Vorwort

Dieses wunderbar einfache Buch ist nicht für jedermann. Sie sollten es nur dann lesen, wenn Sie die unsinnige Vorstellung akzeptieren können, daß der Prozeß des Alterns rückgängig gemacht werden kann. Sie sollten es nur dann lesen, wenn Sie zu glauben wagen, daß die "Quelle der Jugend", früher auch "Jungbrunnen" genannt, wirklich existiert. Wenn Sie sich hartnäckig an die vorherrschende Meinung klammern, daß solche Dinge unmöglich sind, dann verschwenden Sie beim Lesen dieses Buches nur Ihre Zeit. Wenn Sie dagegen akzeptieren können, daß das "Unmögliche" wirklich im Bereich Ihrer Möglichkeiten liegt, dann warten Belohnungen im Überfluß auf Sie.

Soweit ich weiß, ist Peter Kelders Buch die einzige schriftliche Quelle der unbezahlbaren Informationen, die es enthält: fünf uralte tibetische Riten, die den Schlüssel zu anhaltender Jugend, Gesundheit und Vitalität darstellen. Jahrtausendelang wurden diese scheinbar magischen Riten in abgelegenen Klöstern des Himalaya als Geheimnis bewahrt. Erstmals wurde die westliche Welt durch die Originalausgabe von Peter Kelders Buch vor 50 Jahren auf die Fünf "Tibeter" aufmerksam. Seit dieser Zeit ist das Buch und sein außerordentlicher Reichtum an Information weitgehend verlorengegangen und in Vergessenheit geraten. Der Zweck dieser neuen, überarbeiteten Auflage ist es, Peter Kelders Botschaft wieder öffentlich zugänglich zu machen, in der Hoffnung, daß sie möglichst viele Menschen erreicht und ihnen damit helfen wird.

Es ist unmöglich zu sagen, ob Peter Kelders [Rahmen-] Geschichte von Colonel Bradford auf Fakten, Fantasie oder einer Mischung aus beidem beruht – aber ich kann persönlich die

Gültigkeit der fünf Übungen oder "Riten" bezeugen. Meine eigene Erfahrung mit der Anwendung der Fünf "Tibeter", sowie die vieler Freunde, beweist zu meiner vollsten Zufriedenheit, daß sie tatsächlich wirken! Ich kann nicht versprechen, daß sie Ihr Alter um 50 Jahre verringern oder Sie über Nacht verwandeln werden, oder Sie 125 Jahre alt werden lassen. Aber ich bin sicher, daß sie jedem helfen können, sich um Jahre *jünger zu fühlen* und auch so *auszusehen,* an Vitalität zu gewinnen und größeres Wohlbefinden zu erlangen. Wenn Sie die Riten täglich ausführen, sollten Sie schon nach einem Monat die ersten Resultate feststellen. Nach ungefähr zehn Wochen werden Sie wahrscheinlich anfangen, entscheidenden Gewinn daraus zu ziehen. Doch gleich in welchem Tempo sich die Fortschritte bei Ihnen zeigen, ist es immer ein aufregender Moment, wenn Ihre Freunde beginnen, Bemerkungen darüber zu machen, daß Sie jünger und gesünder aussehen.

Wenn die fünf Riten also wirken, ist die große Frage: wie? Wie können diese einfachen Übungen so tief in den Alterungsprozeß des Körpers eingreifen? Es ist interessant , daß Peter Kelders Erklärung, die Sie gleich lesen werden, durch neuere wissenschaftliche Erkenntnisse Unterstützung findet. Die Kirlian-Fotografie, die den Körper von einem unsichtbaren elektrischen Feld, der "Aura", umgeben zeigt, untermauert die Annahme, daß wir von einer Form von Energie "genährt" werden, die das ganze Universum durchdringt. Es trifft ebenfalls zu, daß die Kirlian-Aura eines jungen, gesunden Menschen anders aussieht als die eines alternden, kränklichen Menschen.

Ich bin der Überzeugung, daß diese universale Energie die Funktionen des endokrinen Drüsensystems des Körpers beeinflußt. Die Hormone, die von diesen Drüsen produziert werden, regulieren sämtliche Körperfunktionen. Die medizinische Forschung hat in der letzten Zeit überzeugende Beweise dafür entdeckt, daß sogar der Alterungsprozeß hormongesteuert ist. Es scheint, daß die Hypophyse ab dem Einsetzen der Pubertät damit beginnt, ein "Todeshormon" zu produzieren. Dieses "Todeshormon" beeinträchtigt offenbar die Fähigkeit der Zellen, aus aufbauenden Hormonen, wie etwa dem Wachstumshormon, Nutzen zu ziehen. Als Ergebnis davon verschleißen unsere Zellen und Organe allmählich, um schließlich abzusterben. In anderen Worten, der Alterungsprozeß fordert seinen Tribut.

Meine Erklärung für die Wirkung der Fünf "Tibeter" ist die, daß diese Riten in der von Peter Kelder beschriebenen Weise die *Nutzung der universalen Energie* durch den Körper *wieder ins Gleichgewicht* bringen. Dies wiederum hat die höchst vorteilhafte Wirkung, das "Todeshormon" zu blockieren und die Hormonerzeugung des endokrinen Systems zu normalisieren. Wenn dies erreicht ist, können die Körperzellen sich wieder vermehren und gedeihen, wie sie es taten, als wir Kinder waren. Wir können sehen und fühlen, wie wir "jünger" werden.

Sie mögen dieser Theorie zustimmen oder auch nicht. Und beim Lesen dieses Buches werden Sie auf viele weitere Punkte stoßen, denen Sie zustimmen können oder auch nicht. Ich zum Beispiel stimme nicht mit allen Empfehlungen Peter Kelders überein, die gesunde Ernährung betreffen. Dies jedoch ist wichtig: Lassen Sie es nicht zu, daß abweichende Meinungen Sie vom zentralen Anliegen dieses Buches ablenken – dem Nutzen, den man aus der Durchführung der Fünf "Tibeter" ziehen kann.

> *Es gibt nur eine Möglichkeit, herauszufinden,*
> *ob die fünf Riten bei Ihnen wirken oder nicht, und die besteht*
> *darin, sie auszuprobieren.*
> *Probieren Sie sie aus, und geben sie ihnen eine faire Chance,*
> *zum Erfolg zu führen.*

Wie bei allen Belohnungen wird sich auch hier der Gewinn nur als Ergebnis Ihrer Bemühungen einstellen. Sie müssen bereit sein, ein klein wenig Zeit und Energie zu investieren, um die Riten regelmäßig Tag für Tag durchzuführen. Wenn Sie nach ein paar Wochen das Interesse verlieren und die Riten nur noch gelegentlich durchführen, können Sie nicht die besten, möglichen Ergebnisse erwarten. Doch glücklicherweise empfinden die meisten Menschen die tägliche Durchführung der Riten nicht nur als einfach, sondern sogar als Vergnügen.

Wenn Sie dieses Buch lesen und damit beginnen, die Fünf "Tibeter" zu Ihrem Nutzen anzuwenden, behalten Sie bitte zwei Dinge im Gedächtnis. Seien Sie sich erstens bewußt, daß Sie ein wunderbarer und besonderer Mensch sind, und über begrenzte Gedanken und Überzeugungen hinaussehen können. Wäre es anders, dann hätte dieses Buch Ihre Aufmerksamkeit nicht erregt. Und seien Sie sich zweitens bewußt, daß Sie es verdienen, daß Ihre innigsten Sehnsüchte in Erfüllung gehen – sogar die Sehnsucht nach erneuerter Jugend und Vitalität. Diejenigen, die sich im tiefsten Inneren als unwürdig empfinden, sind auch die, die nie einen Anteil an den Belohnungen des Lebens zu bekommen scheinen.

Wenn Sie vor sich selbst die höchste Achtung haben und wissen, daß Sie des Allerbesten würdig sind, was das Leben zu bieten hat, dann kann man wirklich sagen, daß Sie sich *selbst lieben*. Und dies befähigt Sie, sich wohlzufühlen mit der Person, die Sie sind, und dies wiederum beschleunigt den Erneuerungsprozeß beträchtlich. Diejenigen, die sich selbst nicht mögen oder sich als unzulänglich empfinden, tragen eine Last, die die andauernden Auswirkungen des Alterns und schlechter Gesundheit nur beschleunigen kann. Wer sich selbst bereichert durch den Schatz der Eigenliebe, macht alle Dinge möglich.

Harry R. Lynn
Herausgeber *The Ancient Secret of the »Fountain of Youth«*

Das Phänomen und das Phantom

Mutmaßungen über den Autor dieses Klassikers, über Peter Kelder: Vielleicht lebt er, unerkannt, unter uns als „junger Weiser" – eine uralte Seele in einem jugendlichen, vitalen Körper. Wie alt mag er nach unseren Begriffen jetzt sein: achtundsiebzig? hundert? *viele hundert* Jahre? Wer ist (war??) dieser Mann (oder ist „Peter Kelder" das Pseudonym einer *Frau*?), dessen Saat nach mehr als fünfzig Jahren erneut, und wie es scheint: gerade erst richtig aufgeht – so, als hätten Hunderttausende auf die Weitergabe des »Tibeter«-Geheimnisses gerade in dieser Zeit gewartet?

Die Fünf »Tibeter« sind offenbar in den Dreißiger Jahren geschrieben worden. Die englische Originalfassung erschien 1939 unter dem Titel *The Eye of Revelation* (etwa: Was sich dem Auge offenbart…). Peter Kelders Quelle der Inspiration mag die berühmte Shangrila-Geschichte gewesen sein, die sein Kollege James Hilton Anfang der Dreißiger Jahre der Welt geschenkt hat. In seinem millionenfach verbreiteten Roman „Der verlorene Horizont" (als Taschenbuch bei Fischer) deutet Hilton das Geheimnis an, das zu der alterslosen Kraft und Lebendigkeit der Lamas von Shangrila entscheidend beitrug: *rituelle Körperübungen*. Peter Kelder nimmt den Faden auf und beschreibt die abenteuerliche Suche nach genau diesen Übungen – und ihre Entdeckung für den westlichen Menschen. Und er gibt das Geheimnis preis: eine Folge von verblüffend einfachen, hochwirksamen Energieübungen, die ihre Wurzeln im Yoga haben – oder vielleicht ihrerseits *die Wurzeln von Yoga* sind, wer weiß.

Die »Tibeter« als energiespendende, hochwillkommene Frucht erreichen jetzt immer mehr Menschen auf geheimnisvolle Weise. Sie sind sichtbar, erlebbar, allgegenwärtig. Ganz im Gegensatz zu dem, der sie für uns „gesät" hat. Ich bin sicher, wir haben es hier mit einem Magier zu tun: Peter Kelder hat es perfekt verstanden, sich *unsichtbar* zu machen. Nur manchmal höre ich seine Stimme. Auf unnachahmliche Art sagt da jemand „A-ha…".

Volker R. Karrer
Herausgeber der deutschen Ausgabe *Die Fünf »Tibeter«*

Einführung zur deutschen Ausgabe

Meine Freunde,

rund um die Welt geht ein vernehmliches Raunen durch alte spirituelle Orden, die für Jahrhunderte die Geheimnisse des Lebens unter Verschluß hielten. In praktisch jeder traditionellen mystischen Vereinigung weiß man heute, daß dieses Wissen, so sorgsam von wenigen Auserwählten gehütet, nun zum ersten Mal der ganzen Menschheit zugänglich sein muß.

Vom tieferen Verständnis des Lebens getrennt, hat die Menschheit sich von der Natur abgespalten und somit ihren Weg verfehlt. Wir haben unseren Platz in einer Welt verloren, die unsere aktive Anteilnahme verlangt – eine Welt, die nach klarem Erkennen unseres eigenen wahren Seins ruft und von Gesetzen all jener Wirklichkeiten flüstert, die jenseits unseres Verstehens zu liegen scheinen. Dennoch müssen wir versuchen zu verstehen; unsere unbewußte Torheit führt uns sonst in den Abgrund.

Wir sind heute soweit, daß wir uns als Opfer unseres Lebens sehen. Und da uns jeglicher Sinn für innere Meisterschaft fehlt, entwickeln wir eine verzweifelte Besessenheit, an unseren Masken festzuhalten und uns zu erfahren, indem wir uns in die Welt projizieren.

Die Wahrheit ist, daß wir nicht erwarten können, unsere Rolle als machtlose Zuschauer zu ändern, solange wir nicht unmittelbar erkennen, daß wir fähig sind, die größeren Gesetze zu begreifen, die die göttlichen Geheimnisse von Leben und Tod bestimmen.

Überall in der Welt haben die Menschen damit begonnen, diese Geheimnisse zu suchen und mit der Entdeckung ihrer selbst, ihres physischen und feinstofflichen Körpers, den Anfang gemacht. Wir sind der große Übungsplatz für diese Geheimnisse; was in unserem eigenen Körper geschieht, das spiegelt die ganze Welt wider. Während wir verzweifelt den zerstörerischen Lauf von Geburt, Alter und Tod verfolgen, werden wir auch motiviert, einen Ausweg aus diesem verdummenden Lebensmuster zu suchen.

Es gibt einen Weg hinaus, es hat ihn immer gegeben! Alter ist kein vorbestimmtes Ende, es ist keineswegs ein unvermeidbares Ergebnis von Leben. Es ist ganz einfach ein Widerhall unseres Rückzugs aus dem physischen Körper. Wenn wir nicht lernen, mit dem Bewußtsein unseres Körpers in Verbindung zu treten, dann kann sich dieser nicht seines Potentials als "Lichtkörper" bewußt werden; als Lichtkörper, gelenkt durch höhere kosmische Gesetze, die uns die Illusion körperlichen Verfalls zeigen. Unsere DNS-Spirale liefert den Mechanismus, der jede Zelle vollkommen kopiert. Das bedeutet, daß die Zellen, wenn sie absterben, durch neue ersetzt werden, und dies in einer zeitlosen Folge der genetischen Vollendung. Warum altern wir dann – mit allen negativen Folgen? Die Wissenschaft rätselt darüber seit der Entdeckung der DNS.

Alle großen Heiligen und Meister haben die Antwort gewußt. Sie liegt im Tanz der Beziehung zwischen der Form und dem Formlosen – darin, wie diese beiden göttlichen Zustände des Seins sich gegenseitig beeinflussen, um Leben zu erhalten. Unsichtbare Lebensenergien sind der Ursprung aller Dinge und ihr Entwurf. Wir können ihre Existenz erfahren und die Gesetze ihrer Verteilung und ihres Flusses lernen, genau so wie die Suchenden von altersher. Es gibt Wege, diesen Fluß der Energie, der in und um den physischen und feinstofflichen Körper kreist, so zu verstärken, daß das gesamte körperliche Netzwerk verjüngt wird. Große Meister verbrachten ihr ganzes Leben damit, die notwendige Fertigkeit zu entwickeln, um diese Ströme zu lenken und zu beherrschen, die die endokrinen Drüsen wie auch die großen und kleinen Organe des Körpers nähren. Nun endlich beginnt das Ergebnis ihrer Arbeit sich in der westlichen Welt auszubreiten.

In diesem faszinierenden Buch von Peter Kelder lernen wir die Geheimnisse kennen, die so lange in alten Mönchsklöstern verborgen waren. Unbelastet von schwierigen Disziplinen oder Dogmen, läßt der Autor alles Unwichtige beiseite und führt uns schnell und direkt zu den Übungen dieser verjüngenden Energie-Riten. Mit einer solch klaren Beschreibung kann wirklich jeder diese Übungen nachvollziehen – wie immer sein gesundheitlicher Zustand auch ist. Da diese Übungen die verschiedenen Energiesysteme so wirkungsvoll stimulieren,

14

kommen Ergebnisse schnell – und deutlich wahrnehmbar für den Übenden; er spürt wie sich seine Energieebene mit fantastischer Geschwindigkeit hebt. Schon bei der Durchführung der ersten Übung wird man ein großes Wohlgefühl verspüren, da das schnelle Drehen dem Emotionalkörper hilft, ihn von negativen Energien zu reinigen. Die meisten Menschen sind in ihrem tyrannischen Emotionalkörper gefangen, der gewohnt ist, an alten Verwundungen und Rachegefühlen festzuhalten, und sie nicht loslassen zu können. Wenn diese Energien feststecken, haben wir buchstäblich nicht die Kraft, ein ausgewogenes glückliches Leben zu führen.

Es erscheint wie eine übertriebene Hoffnung, daß wir durch blosses Drehen unsere Gefühle ändern, den Griff von Depressionen und anderen negativen Emotionen lockern könnten – aber es ist so! Das Drehen beschleunigt unser Aurafeld, sodaß sich unser Bewußtsein automatisch zu höheren Oktaven der Erkenntnis bewegt. Die Unbeweglichkeit, erzeugt durch Depressionen und Unschlüssigkeit, wird aufgehoben, und wir werden befähigt, die entscheidende Kraft zu fühlen, die zu uns kommt, wenn wir große Mengen an Energie zu unserer Verfügung haben. Das Drehen im Uhrzeigersinn stärkt das Aurafeld so sehr, so daß es Kraftsignale nach außen und Lebenskraft zum physischen Körper sendet. Verbesserte Gesundheit und Kraft werden tatsächlich geschaffen durch die zellulare Wahrnehmung neuer Energieebenen. Die Zellen beginnen zu arbeiten, als wären sie Teil eines vibrierenden, jugendlichen Körpers.

Die restlichen Übungen sind gleichermaßen hilfreich für den Körper. Sanft genug, um von jedermann jeden Alters ausgeführt werden zu können, sind sie so vollkommen entwickelt, daß **alle den Körper regulierenden Systeme** stimuliert werden: zum Beispiel die Endokrine, die kreislaufregulierenden Systeme sowie die Meridiane und so fort. Diese Art der kraftvollen Wiedererstarkung des Körpers verjüngt ihn auf der **biochemischen Ebene der Enzyme und Hormone.** Wir alle wissen, daß die Hormonaktivität unser Gefühl von Wohlbehagen und selbst unsere emotionale Stabilität stark beeinflußt.

Das Atmen spielt eine große Rolle bei diesen Übungen, und der Übende sollte darauf achten, im richtigen Rhythmus zu atmen. Wenn wir atmen, erlauben wir dem Körper, reines Prana aufzunehmen, was das höchste Gut des Lebens ist.

*Die größte Hürde für jedwede neue hoffnungsvolle Lösung gegen die hilflose Erfahrung des Alterns ist ihre Einbeziehung in unser hektisches Alltagsleben. Peter Kelder hat uns fünf wichtige Übungen oder Riten geschenkt, die **sehr wenig Zeit beanspruchen** und doch einen sofortigen Nutzen bringen. Wir müssen nicht schwierige Vorgaben oder Philosophien lernen, und doch werden wir mit uns vertraut – auf den tiefsten Ebenen unserer Körperfunktion und unserer körperlichen Wahrheit.*

__Der geistige Körper beherrscht den physischen.__ Wenn wir diese Riten mit ganzer Konzentration ausführen, sagen wir dem physischen Körper klar, was wir wollen: vibrierende, alterslose Lebenskraft. Wenn wir __durch Handeln Anteil am Körper nehmen__, löschen wir das hoffnungslose Gefühl aus, von irgendeiner grausamen äußeren Kraft gelenkt zu werden. Unsere Fähigkeit, den erwünschten Zustand des Wohlbefindens zu erreichen, wird bedeutend gefördert. __Wenn die Botschaft an den Körper deutlich ist, reagiert der Körper auch.__ Der Körper entscheidet sich niemals dafür, alt oder schwach zu sein.

Er wird dies nicht durch Einwirkung der DNS, sondern dadurch, daß das Bewußtsein den Mut verliert, sich mit der manchmal mühsamen Formbildung zu belasten. Angst und Trägheit sind die Handlanger des Alterns. Wir kehren zur Vitalität zurück, indem wir die Trägheit überwinden. Und die Energie, aus der Bewegung geboren, lenkt unsere Aufmerksamkeit weg vom Zugriff der Angst. Ihr werdet sehen, meine Freunde, diese großartigen Riten werden euch sicher auf den Pfad des Selbst führen, indem sie die Aufmerksamkeit eurer physischen, emotionalen, mentalen und spirituellen Körper so zusammenführt, daß sie sich in jenem Punkt vereinen, den ihr als eure Mitte erfahrt. Dort werde ich euch begegnen.

In Liebe
Chris Griscom

Von Chris Griscom sind in deutscher Sprache erschienen: *Zeit ist eine Illusion, Die Heilung der Gefühle – Angst ist eine Lüge, Die Frequenz der Ekstase, Der Weg des Lichts, Meergeboren, Leben ist Liebe, Der weibliche Weg* und *Der Quell des Lebens* (alle bei Goldmann) – s. a. Literaturhinweise S. 90–92. Zu den Themen ihrer Seminare und Vorträge hat die Versandbuchhaltung Wrage (Schlüterstraße 4, 20146 Hamburg) verschiedene Audiokassetten herausgebracht.

Das Alte Geheimnis der "Quelle der Jugend"

Erster Teil

Jeder Mensch wünscht sich ein langes Leben.
Aber kein Mensch möchte alt sein.
Jonathan Swift

Shangri-La? -
Der Horizont hinter dem Horizont

Vor einigen Jahren saß ich eines Nachmittags im Park und las meine Zeitung, als ein älterer Herr auf mich zukam und sich neben mich setzte. Er schien auf die Siebzig zuzugehen, sein Haar war grau und spärlich, seine Schultern waren gebeugt, und er lehnte sich beim Gehen auf einen Spazierstock. Wie hätte ich wissen können, daß dieser Augenblick den Verlauf meines Lebens für immer ändern würde.

Es dauerte nicht lange, und wir waren in ein angeregtes Gespräch verwickelt. Es stellte sich heraus, daß der alte Herr ein pensionierter Offizier der Britischen Armee war, der der Krone auch im Diplomatischen Corps gedient hatte. Als Folge davon hatte er im Laufe der Zeit praktisch jeden Winkel der Welt bereist. Und Colonel Bradford – ich werde ihn so nennen, obwohl das nicht sein richtiger Name ist – fesselte mich mit höchst unterhaltsamen Erzählungen von seinen Abenteuern.

Als wir uns trennten, verabredeten wir ein Wiedersehen, und schon nach kurzer Zeit hatte sich eine engere Freundschaft zwischen uns entwickelt. Wir trafen uns häufig, in seiner Wohnung oder in meiner, und führten Diskussionen und Gespräche, die bis tief in die Nacht dauerten.

Bei einer dieser Gelegenheiten wurde mir klar, daß es etwas von Bedeutung gab, worüber Colonel Bradford sprechen wollte, aus irgendeinem Grund jedoch zögerte. Ich versuchte ihm taktvoll diese Befangenheit zu nehmen, indem ich ihm versicherte, daß ich, falls er mir erzählen wollte, was ihn beschäftigte, dies mit strenger Vertraulichkeit behandeln würde. Langsam zunächst, doch dann mit zunehmendem Vertrauen, begann er zu sprechen.

Als er einige Jahre zuvor in Indien stationiert war, war Colonel Bradford von Zeit zu Zeit mit herumziehenden Einheimischen aus entlegenen Gegenden des Landesinneren in Verbindung gekommen und hatte viele fesselnde Geschichten über ihr Leben und ihre Bräuche gehört. Eine seltsame Geschichte, die sein besonderes Interesse weckte, hörte er ziemlich häufig, und immer von den Bewohnern eines bestimmten Landstrichs. Die Bewohner anderer Teile des Landes schienen nie davon gehört zu haben.

Die Geschichte betraf eine Gruppe von Lamas, oder tibetischen Mönchen, die der Geschichte zufolge das Geheimnis der "Quelle der Jugend" kannten. Über die Jahrtausende war das außerordentliche Geheimnis von den Mitgliedern dieser mystischen Vereinigung übermittelt worden. Zwar gaben sie sich keinerlei Mühe es geheimzuhalten, doch war ihr Kloster so abgelegen und isoliert, daß sie praktisch von der Außenwelt abgeschlossen waren.

Dieses Kloster und seine "Quelle der Jugend" war für die Einheimischen, die davon erzählten, zu einer Art Legende geworden. Sie erzählten von alten Männern, die auf geheimnisvolle Weise ihre Gesundheit, Kraft und Vitalität zurückgewannen, nachdem sie das Kloster gefunden hatten und eingetreten waren. Aber niemand schien die genaue Lage dieses seltsamen und wunderbaren Ortes zu kennen.

Wie so viele andere Männer hatte auch Colonel Bradford im Alter von vierzig Jahren begonnen, alt zu werden, und das ließ sich offenbar nicht aufhalten.

Je mehr er von dieser wunderbaren "Quelle der Jugend" hörte, desto mehr gelangte er zu der Überzeugung, daß solch ein Ort tatsächlich existierte. Er begann Informationen zu sammeln – Richtungsangaben, die Art der Landschaft, das Klima und andere Daten, die ihm helfen konnten, den Ort ausfindig zu machen. Und sobald Colonel Bradford seine Nachforschungen begonnen hatte, wurde er in zunehmendem Maß von dem Wunsch besessen, diese "Quelle der Jugend" zu finden.

Der Wunsch, so erzählte er mir, war so unwiderstehlich geworden, daß er sich entschlossen hatte, nach Indien zurückzukehren und ernsthaft nach diesem Zufluchtsort und seinem Geheimnis ewiger Jugend zu suchen. Und er fragte mich, ob ich mich seiner Suche anschließen wolle.

Normalerweise wäre ich der erste, der auf eine so unwahrscheinliche Geschichte skeptisch reagierte. Aber der Colonel meinte es völlig ernst. Und je mehr er mir von dieser "Quelle der Jugend" erzählte, desto mehr kam ich zu der Überzeugung, daß etwas Wahres daran sein könnte. Eine Weile überlegte ich mir ernsthaft, mich der Suche des Colonels anzuschließen. Aber als ich anfing, praktische Gegebenheiten in meine Überlegungen einzubeziehen, gewann die Vernunft die Oberhand und ich entschied mich dagegen.

Schon kurz nachdem der Colonel abgereist war, kamen mir Zweifel, ob ich die richtige Entscheidung getroffen hatte. Um meinen Entschluß zu rechtfertigen, sagte ich mir, daß es vielleicht ein Fehler sei, das Altern besiegen zu wollen. Vielleicht sollten wir uns alle einfach damit abfinden, in Anmut und Würde alt zu werden und vom Leben nicht mehr zu verlangen, als andere auch.

Aber dennoch, irgendwo in meinem Kopf spukte weiterhin die *Möglichkeit:* eine "Quelle der Jugend". Welch aufregender Gedanke! Um seinetwillen hoffte ich, daß der Colonel sie finden würde.

Jahre vergingen, und in der Hektik des Alltags entschwand Colonel Bradford und sein "Shangri-La" schließlich auch aus meiner Erinnerung. Dann, als ich eines Abends in meine Wohnung zurückkam, fand ich einen Brief, in der Handschrift des Colonels. Ich öffnete ihn schnell und las eine Nachricht, die anscheinend in freudiger Erregung geschrieben worden war. Der Colonel sagte, daß er trotz frustrierender Verzögerungen und Rückschläge glaube, jetzt unmittelbar vor der Entdeckung der "Quelle" zu stehen. Er gab keinen Absender an, doch ich war erleichtert, wenigstens zu wissen, daß er noch am Leben war.

Viele Monate sollten vergehen, bevor ich wieder etwas von ihm hörte. Als endlich ein zweiter Brief eintraf, zitterten meine Hände beinahe, als ich ihn öffnete. Im ersten Moment konnte ich seinen Inhalt nicht glauben. Die Neuigkeiten waren besser, als ich auch nur hätte hoffen können. Der Colonel hatte die "Quelle der Jugend" nicht nur gefunden, sondern wollte sie sogar von seiner Reise mit zurückbringen und irgendwann im Lauf der nächsten zwei Monate eintreffen.

Vier Jahre war es jetzt her, seit ich meinen alten Freund zuletzt gesehen hatte. Und ich begann mich zu fragen, wie er sich in dieser Zeitspanne wohl verändert haben könnte. Hatte diese "Quelle der Jugend" ihn befähigt, die Uhr des fortschreitenden Alters anzuhalten? Würde er so aussehen wie damals, als ich ihn zum letzten Mal sah, oder würde er nur ein Jahr älter erscheinen anstatt vier?

Schließlich kam die Gelegenheit, diese Fragen zu beantworten. Als ich eines Abends allein zuhause war, klingelte überraschend das Haustelefon. Als ich abnahm, meldete der Portier, "Colonel Bradford ist hier, um Sie zu besuchen". Eine Welle der Aufregung überlief mich, als ich sagte, "Schicken Sie ihn gleich herauf". Kurz danach klingelte es, und ich riß die Türe auf. Aber zu meiner Enttäuschung sah ich vor mir nicht Colonel Bradford, sondern einen fremden, viel jüngeren Mann. Meine Überraschung bemerkend sagte der Mann: "Haben Sie mich denn nicht erwartet?"

"Ich dachte, es wäre jemand anders", antwortete ich ein bißchen verwirrt.

"Ich dachte, ich würde mit mehr Begeisterung empfangen werden", sagte der Besucher mit freundlicher Stimme.

"Schauen Sie mein Gesicht genau an. Muß ich mich wirklich vorstellen?"

Meine Verwirrung verwandelte sich in Verblüffung und dann in ungläubiges Staunen, als ich die Gestalt vor mir anstarrte. Langsam stellte ich fest, daß ihre Züge tatsächlich denen von Colonel Bradford ähnelten. Aber dieser Mann sah aus, wie der Colonel vor Jahren ausgesehen haben mochte – in seinem besten Alter. Anstelle eines gebeugten, bläßlichen alten Mannes mit einem Stock sah ich eine große, aufrechte Gestalt. Sein Gesicht strahlte Gesundheit aus, und er hatte dichtes, dunkles Haar mit kaum einer Spur von Grau.

"Ich bin es wirklich", sagte der Colonel, "und wenn Sie mich nicht hereinbitten, muß ich annehmen, daß Sie sich schlechte Manieren zugelegt haben."

In freudiger Erleichterung umarmte ich den Colonel, und unfähig, meine Aufregung im Zaum zu halten, führte ich ihn unter einem Schwall von Fragen herein.

"Warten Sie, warten Sie", protestierte er gutmütig. "Kommen Sie erst wieder zu Atem, und dann erzähle ich Ihnen alles, was passiert ist." Und das tat er.

In Indien angekommen, hatte sich der Colonel auf die Suche nach der Gegend gemacht, wo die legendäre "Quelle der Jugend" angeblich existierte. Zum Glück war er mit der Sprache dieses Landesteils einigermaßen vertraut, und er verbrachte viele Monate damit, Verbindungen herzustellen und sich mit Leuten anzufreunden. Viele weitere Monate war er damit beschäftigt, die Teile des Puzzles zusammenzusetzen. Es war ein zeitaufwendiger, mühseliger Prozeß, aber seine Hartnäckigkeit brachte ihm schließlich den ersehnten Lohn. Nach einer langen und gefährlichen Expedition in die entfernten Gebiete des Himalaya fand er schließlich das Kloster, das, der Legende zufolge, das Geheimnis ewiger Jugend und Verjüngung besaß.

Ich wünschte, daß Zeit und Platz mir erlauben würden, all die Dinge zu berichten, die Colonel Bradford erlebte, nachdem er in das Kloster aufgenommen worden war. Vielleicht ist es auch besser, daß ich dies nicht tue, denn vieles davon klingt mehr wie Fantasie als wie Fakten. Die interessante Lebensweise der Lamas, ihre Kultur und ihre völlige Losgelöstheit von der Außenwelt sind für westliche Menschen schwer zu begreifen und zu verstehen.

In dem Kloster waren nirgendwo ältere Männer und Frauen zu sehen. Die Lamas nannten den Colonel gutmütig "Der Greis", denn seit langem hatten sie niemanden gesehen, der so alt aussah wie er. Er war für sie ein höchst ungewöhnlicher Anblick.

"In den ersten beiden Wochen nach meiner Ankunft fühlte ich mich wie ein Fisch auf dem Trockenen. Ich staunte über alles, was ich

sah, und manchmal konnte ich kaum glauben, was ich vor Augen hatte. Bald begann meine Gesundheit besser zu werden. Ich konnte nachts tief und fest schlafen, und beim Aufwachen fühlte ich mich jeden Morgen erfrischter und tatkräftiger. Es dauerte nicht lange, da stellte ich fest, daß ich meinen Stock nur noch brauchte, wenn ich in den Bergen herumwanderte.

Eines Morgens nach meiner Ankunft erlebte ich die größte Überraschung meines Lebens. Ich hatte zum ersten Mal einen großen, wohlgeordneten Raum des Klosters betreten, der als eine Art Bibliothek für alte Manuskripte benutzt wurde. An einem Ende des Raums war ein bis zu Boden reichender Spiegel. Da ich während der beiden vergangenen Jahre ständig in dieser abgelegenen und primitiven Gegend umhergereist war, hatte ich während der ganzen Zeit nie mein Spiegelbild gesehen. So trat ich jetzt mit einiger Neugier vor das Glas. Ungläubig starrte ich auf das Bild, das ich vor mir hatte. Meine körperliche Erscheinung hatte sich so drastisch verändert, daß ich volle 15 Jahre jünger aussah. All die Jahre hatte ich gehofft, daß die 'Quelle der Jugend' wirklich existierte. Jetzt hatte ich den physischen Beweis dafür vor meinen Augen.

Die Freude und Erregung, die ich empfand, sind nicht mit Worten zu beschreiben. In den folgenden Wochen und Monaten verbesserte sich mein Aussehen noch weiter, und die Veränderung wurde für alle, die mich kannten, immer offensichtlicher. Es dauerte nicht lange, bis ich meinen Ehrentitel, 'Der Greis', nicht mehr zu hören bekam."

An dieser Stelle wurde der Colonel durch ein Klopfen an der Tür unterbrochen. Ich öffnete und ließ ein Paar herein, mit dem ich zwar gut befreundet war, das sich aber keinen ungelegeneren Zeitpunkt für seinen Besuch hätte aussuchen können. Ich verbarg meine Enttäuschung so gut ich konnte, machte sie mit dem Colonel bekannt, und wir alle plauderten ein Weile miteinander. Dann stand der Colonel auf und sagte: "Es tut mir leid, daß ich schon so früh gehen muß, aber ich habe heute abend noch eine Verpflichtung. Hoffentlich sehe ich Sie alle bald wieder." Doch an der Tür wandte er sich zu mir und sagte leise: "Könnten Sie morgen mit mir zu Mittag essen? Ich verspreche Ihnen, daß Sie dann alles über die 'Quelle der Jugend' erfahren werden."

Wir verabredeten eine Zeit und einen Ort, und dann ging der Colonel. Als ich zu meinen Freunden zurückkehrte, bemerkte einer von ihnen: "Er ist ganz bestimmt ein faszinierender Mann, aber ist er nicht ein bißchen jung für einen pensionierten Offizier?"

"Für wie alt hälst du ihn?" fragte ich.

"Nun, er sieht nicht mal aus wie vierzig", antwortete mein Gegenüber, "aber aus dem Gespräch würde ich schließen, daß er doch mindestens so alt sein muß."

"Ja, mindestens", sagte ich ausweichend. Und dann lenkte ich das Gespräch auf ein anderes Thema. Ich wollte die unglaubliche Geschichte des Colonels nicht weitererzählen, zumindest nicht, bevor er alles vollständig erklärt hatte.

Am nächsten Tag gingen der Colonel und ich nach dem gemeinsamen Mittagessen in das Zimmer, das er in einem nahegelegenen Hotel bewohnte. Und dort schließlich erzählte er mir alle Einzelheiten über die "Quelle der Jugend".

"Die erste wichtige Sache, die man mich lehrte, nachdem ich in das Kloster eingetreten war", sagte der Colonel, "war dies: der Körper hat sieben Energiezentren, die man sich als wirbelnde Kraftfelder vorstellen kann. Die Hindus nennen sie *Chakras*. Das sind kraftvolle elektrische Felder, unsichtbar für das Auge, aber nichtsdestoweniger sehr real. Jeder dieser sieben "Wirbel" hat einen bestimmten Bezug zu einer der sieben Hormondrüsen im endokrinen System des Körpers, und seine Funktion besteht darin, den Hormonausstoß der jeweiligen Drüse anzuregen. Diese Hormone sind es, die alle Funktionen des Körpers regeln, einschließlich des Alterungsprozesses.

Der unterste, erste Wirbel ist mit den Nebennieren verbunden, der zweite mit den Geschlechts- oder Keimdrüsen, der dritte (am Solarplexus) mit der Bauchspeicheldrüse, der vierte Wirbel hat eine Beziehung zu der Thymusdrüse in der Herzregion, der fünfte sitzt an der Schilddrüse im Hals, der sechste (das "Dritte Auge") steht in Beziehung zur Hypophyse oder Hirnanhangdrüse an der vorderen Gehirnbasis, und der siebte, höchste

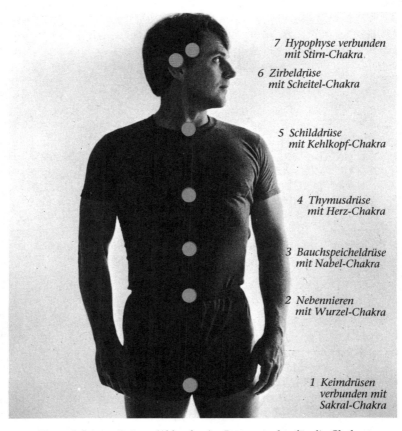

7 *Hypophyse verbunden*
mit Stirn-Chakra

6 *Zirbeldrüse*
mit Scheitel-Chakra

5 *Schilddrüse*
mit Kehlkopf-Chakra

4 *Thymusdrüse*
mit Herz-Chakra

3 *Bauchspeicheldrüse*
mit Nabel-Chakra

2 *Nebennieren*
mit Wurzel-Chakra

1 *Keimdrüsen*
verbunden mit
Sakral-Chakra

Die endokrinen Drüsen (Abb. oben) – Bezugspunkte für die Chakras

Die 7 Energiewirbel des Körpers sind ausgerichtet auf die 7 endokrinen Drüsen:
(1) die Keimdrüsen, (2) die Nebennieren, (3) die Bauchspeicheldrüse, (4) die
Thymusdrüse, (5) die Schilddrüse, (6) die Zirbeldrüse, und (7) die Hypophyse.
Die Energiewirbel drehen sich mit hoher Geschwindigkeit. Wenn sich alle mit hoher
Geschwindigkeit drehen, und zwar gleich schnell, ist der Körper bei bester
Gesundheit. Wenn einer oder mehrere von ihnen langsamer werden, setzt der
Alterungsprozeß und der körperliche Verfall ein.
Die Abbildung zeigt annähernd die Lage der endokrinen Drüsen, denen die sieben
Hauptchakren zugeordnet sind. Die Chakren (Energiezentren) selbst sind in der
Umgebung der endokrinen Drüsen feststellbar – mit teilweise "vertauschten"
Positionen. So ist das mit der Zirbeldrüse verbunden Scheitel-Chakra, wie der Name
nahelegt, oben am Kopf wirksam – als energetische Verbindung zum Kosmos.

28

Wirbel (das Scheitel-Chakra) ist mit der Epiphyse oder Zirbeldrüse an der rückwärtigen Gehirnbasis verbunden.*

In einem gesunden Körper dreht sich jeder dieser "Wirbel" mit hoher Geschwindigkeit und ermöglicht es dadurch der vitalen Lebensenergie, auch "Prana" oder "ätherische Energie" genannt, durch das endokrine System aufwärts zu fließen. Wenn aber einer oder mehrere dieser Wirbel anfangen, sich langsamer zu drehen, dann ist der Fluß der vitalen Lebensenergie behindert oder blockiert und – nun ja, das ist einfach eine andere Bezeichnung für Altern und schlechte Gesundheit.

Diese sich drehenden "Wirbel" dehnen sich bei einem gesunden Menschen so weit aus, daß sie aus dem Körper herausragen, bei einem alten, schwachen und kränklichen dagegen erreichen sie kaum die Körperoberfläche. Die schnellste Art, Jugend, Gesundheit und Vitalität wiederzugewinnen ist, diese Energiezentren dazu zu bringen, sich wieder normal zu drehen. Es gibt fünf einfache Übungen, die das zustandebringen. Jede einzelne davon ist hilfreich, doch um die besten Ergebnisse zu erzielen, bedarf es aller fünf. Diese Fünf "Tibeter" sind eigentlich gar keine Übungen. Die Lamas nennen sie 'Riten', und ich selbst verwende gern diese Bezeichnung."

---

*Offensichtlich ist der menschliche Körper mit zahlreichen (noch nicht ausreichend erforschten) "Wirbeln" oder Chakras ausgestattet. Doch ist die allgemein akzeptierte Auffassung die, daß es sieben Hauptchakras gibt. In der Originalausgabe seines Buches, "The Eye of Revelation", erwähnt Peter Kelder, daß ein Hauptchakra in der Knieregion angesiedelt sei. Er setzt in seinen Aufzeichnungen die "Wirbel" noch nicht in Beziehung zu den endokrinen Drüsen. Wir haben uns die Freiheit genommen, dies – ein halbes Jahrhundert später – den veränderten Erkenntnissen anzupassen (vgl. a. Sharamon/Baginski: Das Chakra-Handbuch, 14. Auflage, Aitrang 1991, Windpferd Verlag).
Die Herausgeber

Die Energie-Riten

Die Fünf "Tibeter": Erste Übung

"Der erste Ritus", fuhr der Colonel fort, "ist einfach. Er wird eigens zu dem Zweck ausgeführt, die Drehgeschwindigkeit der Wirbel zu beschleunigen. Kinder tun dies bei ihren Spielen andauernd.

Sie müssen nur aufrecht stehen und die Arme ausbreiten, parallel zum Boden. Jetzt drehen Sie sich um sich selbst, bis Ihnen leicht schwindlig wird. Etwas ist wichtig: Sie müssen sich von links nach rechts drehen. Mit anderen Worten, wenn Sie eine Uhr mit dem Zifferblatt nach oben auf den Boden legen würden, würden Sie sich in die gleiche Richtung drehen wie die Uhrzeiger.

Die meisten Erwachsenen werden sich anfangs nur etwa ein halbes dutzendmal drehen können, bevor ihnen ziemlich schwindlig wird. Als Anfänger sollten Sie nicht versuchen, mehr zu machen. Und wenn Ihnen danach ist, sich hinzusetzen oder hinzulegen, um sich von dem Schwindelgefühl zu erholen, dann sollten Sie auf jeden Fall genau das tun. Ich habe das zuerst nicht anders gemacht. Üben Sie diesen Ritus für den Anfang nur solange bis Ihnen leicht schwindlig wird. Mit der Zeit, wenn Sie alle fünf Riten üben, werden Sie sich immer öfter drehen können, und das Schwindelgefühl läßt immer mehr nach.

Um das Schwindelgefühl zu verringern, können Sie einen Kniff von Tänzern und Eiskunstläufern anwenden. Bevor Sie anfangen sich zu drehen, konzentrieren Sie Ihren Blick auf einen Punkt gerade vor Ihnen. Wenn Sie anfangen sich zu drehen, halten Sie Ihren Blick so lange wie möglich auf diesem Punkt.

Für das "Zurückkommen" zum Stehen gibt es eine bewährte Hilfe: noch während des Drehens werden die Handflächen etwa eine halbe Armlänge vor dem Gesicht zusammengebracht, und der Blick wird auf die Daumen konzentriert. Auf diese Weise sind Sie der Mittelpunkt Ihrer Welt – und damit im Zentrum der Ruhe und der Kraft. – Die Drehübung, den sogenannten ersten "Tibeter", können Sie auch ganz zum Schluß machen (also an die anderen Übungen dranhängen). Sie beginnen dann Ihre Übungsfolge mit der zweiten Übung. "Tibeter"-Praktizierende berichten von größerer emotionaler Stabilität, die sie auf diese Variante zurückführen (Quelle: Penny McLean).

Die Erste Übung

Schließlich werden Sie ihn aus Ihrem Gesichtsfeld verschwinden lassen müssen, damit sich Ihr Kopf mit Ihrem Körper herumdrehen kann. Wenn das passiert, drehen Sie Ihren Kopf ganz schnell herum und konzentrieren Sie Ihren Blick so bald Sie können wieder auf Ihren Punkt. Dieser Bezugspunkt hilft Ihnen, weniger desorientiert und schwindlig zu werden.

Als ich in Indien war, verblüffte es mich zu sehen, wie die Maulawiyah, oder wie die bekanntere Bezeichnung ist, die tanzenden Derwische, sich in religiöser Ekstase fast unaufhörlich im Kreise drehen. Nachdem ich in den ersten Ritus eingeführt worden war, erinnerte ich mich an zwei Dinge in Verbindung mit dieser Praxis. Erstens drehten sich die tanzenden Derwische immer in nur einer Richtung. Zweitens waren die älteren Derwische viril, stark und robust, viel mehr als die meisten Männer ihres Alters.

Als ich mit einem der Lamas darüber sprach, klärte er mich darüber auf, daß diese Drehbewegung der Derwische tatsächlich eine sehr wohltuende Wirkung habe, aber auch eine weniger günstige. Er erklärte, daß ihr übermäßiges Drehen einige der "Wirbel" überstimuliere und zur Erschöpfung führe. Dies hat den Effekt, den Fluß der vitalen Lebensenergie zuerst zu beschleunigen und dann zu blockieren. Diese aufbauende und niederreißende Wirkung ist die Ursache dafür, daß die Derwische eine Art 'psychischen Schub' erleben, den sie irrtümlich, wie mir scheint, mit spiritueller oder religiöser Erfahrung verbinden.

Die Lamas dagegen", fuhr der Colonel fort, "drehen sich nicht bis zum Exzess. Während sich die tanzenden Derwische oft hundertmal drehen, tun die Lamas dies nur etwa ein dutzendmal – höchstens einundzwanzigmal – genug, um die Energiewirbel zum Drehen zu stimulieren."

Die Fünf "Tibeter": Zweite Übung

"Auf den ersten Ritus", fuhr der Colonel fort, "folgt ein zweiter, der die sieben Wirbel noch weiter stimuliert. Er ist sogar noch einfacher. Beim zweiten Ritus liegt man flach auf dem

32

Die Zweite Übung

Boden, mit dem Gesicht nach oben. Am besten legt man sich auf einen dicken Teppich oder eine gepolsterte Unterlage. Die Lamas vollziehen diesen Ritus auf einer Art Gebetsteppich. Er ist etwa sechzig Zentimeter breit und einen Meter achtzig lang, ziemlich dick und besteht aus Wolle und einer Art Pflanzenfaser. Sein einziger Zweck ist es, den Körper von dem kalten Boden zu isolieren. Trotzdem ist alles, was die Lamas tun, von religiöser Bedeutung, daher der Name 'Gebetsteppich'.

Wenn Sie flach auf dem Rücken liegen, strecken Sie die Arme an Ihren Körperseiten entlang aus und legen die Handflächen auf den Boden, wobei Sie die Finger eng zusammenhalten. Dann heben Sie Ihren Kopf vom Boden und ziehen das Kinn an die Brust. Zugleich heben Sie Ihre Beine in eine senkrechte Stellung. *Der Rücken bleibt vollständig am Boden.* Wenn möglich, nehmen Sie die Beine weiter über den Körper in Richtung des Kopfes. Die Knie sollten dabei gestreckt sein. Senken Sie dann sowohl den Kopf als auch die Beine langsam wieder zum Boden. Lassen Sie alle Muskeln sich entspannen, und wiederholen Sie dann den Ritus – ohne sich zu überfordern.

Halten Sie sich bei jeder Wiederholung an einen *Atemrhythmus:* atmen Sie tief ein, wenn Sie Kopf und Beine heben; atmen Sie vollständig aus, wenn Sie sie senken. Zwischen den Wiederholungen, während Sie Ihre Muskeln sich entspannen lassen, atmen Sie im gleichen Rhythmus weiter. [Ein Metronom oder leichte rhythmische Musik sind hier hilfreich]. *Je tiefer Sie atmen, desto besser.* Wenn Sie eine gut trainierte Bauch- und Rückenmuskulatur besitzen, können Sie diesen Ritus mit durchgedrückten Knien üben. Für die meisten ist es jedoch ratsam, die Knie beim Heben und Absenken der Beine angewinkelt zu lassen.

Einer der Lamas erzählte mir, daß er, als er zum ersten Mal versuchte, diesen einfachen Ritus zu üben, so alt, schwach und klapprig war, daß es ihm unmöglich war, seine Beine in eine senkrechte Stellung zu heben. So fing er damit an, daß er seine Beine in einer gebeugten Stellung hob, sodaß seine Knie nach oben zeigten und seine Füße herabhingen. Nach und nach war er dann in der Lage, seine Beine zu strecken, bis er sie nach drei Monaten völlig mühelos gestreckt oben halten konnte.

34

"Ich staunte über diesen speziellen Lama", sagte der Colonel. "Als er mir dies erzählte, war er das vollkommene Bild von Gesundheit und Jugend, obwohl ich wußte, daß er viele Jahre älter war als ich. Aus reiner Freude an der 'Anstrengung' pflegte er eine Ladung Gemüse, die gute hundert Pfund wog, auf seinem Rücken vom Garten zum Kloster hinaufzutragen, das über hundert Meter höher lag. Er nahm sich Zeit, aber er blieb auf dem Weg hinauf nicht ein einziges Mal stehen. Wenn er ankam, schien er nicht im geringsten erschöpft zu sein. Als ich zum ersten Mal versuchte, ihm den Hügel hinauf zu folgen, mußte ich mindestens ein dutzendmal stehenbleiben, um wieder zu Atem zu kommen. Später war ich in der Lage, den Hügel genauso mühelos wie er zu ersteigen und ohne meinen Stock. Aber das ist eine andere Geschichte."

Die Fünf "Tibeter": Dritte Übung

"Der dritte Ritus sollte unmittelbar nach dem zweiten geübt werden. Er ist ebenfalls einfach. Sie müssen nur mit aufrechtem Körper auf dem Boden knien, wobei *die Zehen aufgestellt* sind. Die Hände sollten dabei seitlich, etwas von hinten, an die Oberschenkelmuskeln gelegt werden.

Neigen Sie jetzt Kopf und Nacken nach vorn und ziehen Sie *das Kinn an die Brust.* Legen Sie dann Kopf und Nacken behutsam nach hinten – nur so weit wie es sich gut anfühlt – und lehnen Sie sich gleichzeitig zurück, indem Sie die Wirbelsäule leicht nach hinten beugen. Während Sie sich zurückbeugen, stützen Sie sich mit den Armen und Händen an den Oberschenkeln oder am Becken ab. Danach kehren Sie in die Ausgangsstellung zurück und beginnen den Ritus erneut.

Wie beim zweiten Ritus sollten Sie auch hierbei einem *Atemrhythmus* folgen. Atmen Sie tief ein, wenn Sie sich nach hinten beugen. Atmen Sie aus, wenn Sie in die aufrechte Stellung zurückkehren. *Tiefes Atmen ist äußerst zuträglich;* füllen Sie deshalb Ihre Lungen, so gut Sie nur eben können.

Zum wohltuenden Abschluß der dritten Übung lassen Sie sich locker in die Embryohaltung zusammensinken: Sie hocken sich auf die Fersen, Zehen gestreckt, neigen sich vornüber, Stirn auf den Boden, Rücken rund und weich, Schultern und Arme loslassen. Und Atmen.

Ich habe mehr als 200 Lamas diesen Ritus gemeinsam ausüben sehen. Um ihre Aufmerksamkeit nach innen zu lenken, schlossen sie ihre Augen. Auf diese Weise schlossen sie Ablenkungen aus und konnten sich nach innen konzentrieren.

Vor Tausenden von Jahren entdeckten die Lamas, daß alle Antworten auf die unabwägbaren Geheimnisse des Lebens im Inneren zu finden sind. Sie entdeckten, daß all die Dinge, die zusammenwirken, um unser Leben zu gestalten, ihren Ursprung im Inneren jedes Menschen haben. Der westliche Mensch war nie in der Lage, diese Auffassung zu verstehen und zu begreifen. Er denkt, wie auch ich es tat, daß unser Leben durch unkontrollierbare Kräfte der materiellen Welt geformt wird. Zum Beispiel glauben die meisten Menschen im Westen, daß es ein Naturgesetz sei, daß unsere Körper altern und verfallen müssen. Durch ihre Innenschau wissen die Lamas, daß dies eine Illusion ist – und eine sich selbst erfüllende Prophezeiung.

Die Lamas, besonders diejenigen dieses speziellen Klosters, leisten eine bedeutende Arbeit für die Welt. Diese Arbeit wird jedoch auf astraler Ebene verrichtet. Von dieser Ebene aus unterstützen sie die Menschheit rund um die Erde. Denn sie liegt hoch über den Schwingungen der physikalischen Welt und ist ein starker Brennpunkt, wo mit wenig Energieverlust viel bewerkstelligt werden kann.

Eines Tages wird die Welt staunend erwachen, um Großes zu sehen, was von diesen Lamas und anderen ungesehenen Kräften geschaffen wurde. Schnell kommt die Zeit näher, in der ein neues Zeitalter anbrechen und eine neue Welt sichtbar werden wird. Es wird eine Zeit sein, in der der Mensch lernt, die mächtigen inneren Kräfte freizusetzen, die ihn befähigen, Krieg und Seuchen, Haß und Bitterkeit zu überwinden.

Die sogenannte 'zivilisierte' Menschheit lebt in Wahrheit im dunkelsten der dunklen Zeitalter. Jedoch werden wir auf bessere und wunderbare Dinge vorbereitet. Jeder von uns, der danach strebt, sein Bewußtsein auf eine höhere Ebene zu heben, trägt dazu bei, das Bewußtsein der Menschheit als Ganzes zu erhöhen.

Auf diese Weise hat die Ausübung der fünf Riten eine Wirkungskraft, die weit über den persönlichen, physischen Nutzen, den sie bringen, hinausgeht."

Die Dritte Übung

Die Fünf "Tibeter": Vierte Übung

"Als ich den vierten Ritus zum ersten Mal ausführte", sagte der Colonel, "schien er sehr schwierig zu sein. Doch nach einer Woche war er so einfach zu praktizieren wie alle anderen.

Setzen Sie sich zuerst auf den Boden mit den Beinen gerade nach vorne ausgestreckt, die Füße ungefähr 30 cm auseinander. Halten Sie Ihren Körper aufrecht und legen Sie Ihre Handflächen neben Ihrem Gesäß auf den Boden. Ziehen Sie dann Ihr Kinn nach vorn gegen die Brust.

Jetzt lassen Sie Ihren Kopf nach hinten sinken. Heben Sie gleichzeitig Ihren Körper, so daß sich die Knie beugen, während die Arme gestreckt bleiben. Der Rumpf wird mit den Oberschenkeln eine gerade Linie bilden, parallell zum Boden. Sowohl Arme wie Unterschenkel zeigen senkrecht zum Boden. Spannen Sie dann – ohne den Atem anzuhalten – für einen Augenblick jeden Muskel Ihres Körpers an. Und schließlich, wenn Sie in die ursprüngliche, sitzende Stellung zurückkehren, entspannen Sie Ihre Muskeln und ruhen sich aus, bevor Sie den Vorgang wiederholen.

Auch bei diesem Ritus ist wieder die Atmung wichtig. Atmen Sie tief ein, wenn Sie Ihren Körper anheben. Sie brauchen den Atem nicht anzuhalten, während Sie die Muskeln anspannen. Atmen Sie vollständig aus, wenn Sie wieder zum Sitzen kommen und im gleichen Rhythmus weiter, wenn Sie sich (was für viele hilfreich ist) zwischen den Wiederholungen ausruhen."

"Nachdem ich das Kloster verlassen hatte", fuhr der Colonel fort, "ging ich in einige größere indischen Städte und leitete als ein Experiment Kurse für englischsprechende Personen wie auch für Inder. Ich fand heraus, daß die älteren Mitglieder beider Gruppen das Gefühl hatten, daß bei diesem Ritus nichts Gutes herauskommen könne, wenn sie ihn nicht von Anfang an perfekt ausführen könnten. Es war äußerst schwierig, sie davon zu überzeugen, daß dies nicht zutrifft. Schließlich überredete ich sie, den Ritus auszuführen, so gut sie konnten, um zu sehen, was im Verlauf eines Monats passieren würde. Sobald ich sie dazu gebracht hatte, beim Üben der Riten einfach das

38

Die Vierte Übung

Mögliche zu tun, waren die Ergebnisse nach einem Monat mehr als befriedigend.

Ich erinnere mich, daß ich in einer Stadt eine ganze Reihe älterer Leute in einem meiner Kurse hatte. Als sie diesen speziellen Ritus – den vierten – versuchten, konnten sie kaum ihre Körper vom Boden heben; sie konnten auch nicht annähernd eine horizontale Position erreichen. In dem gleichen Kurs waren einige viel jüngere Leute, die keine Schwierigkeiten hatten, den Ritus schon am ersten Tag perfekt auszuführen. Das entmutigte die älteren Leute so, daß ich die beiden Gruppen trennen mußte. Ich erklärte der älteren Gruppe, daß ich, als ich diesen Ritus zum ersten Mal versucht hatte, ihn auch nicht besser hatte ausführen können als sie. Aber, erzählte ich ihnen, jetzt kann ich diesen Ritus fünfzigmal wiederholen, ohne auch nur die geringste nervliche oder Muskelanstrengung zu spüren. Und um das zu beweisen, tat ich es vor ihren Augen. Von da an brach die ältere Gruppe alle Rekorde in ihren Forschritten.

Der einzige Unterschied zwischen Jugend und Lebenskraft einerseits und Alter und schlechter Gesundheit andererseits besteht einfach in der Geschwindigkeit, mit der sich die Wirbel drehen. Normalisiere den Grad der Geschwindigkeit, und ein alter Mensch wird wieder wie neugeboren."

Die Fünf "Tibeter": Fünfte Übung

Der Colonel fuhr fort: "Wenn Sie den fünften Ritus ausführen, sind Sie mit dem Gesicht zum Boden gewandt. Sie sind auf die Hände gestützt, mit den Handflächen auf dem Boden, und den Zehen in aufgebogener Stellung. Während dieses Ritus sollten die Hände und Füße jeweils etwa 60 cm voneinander entfernt sein und Arme und Beine sollten gestreckt gehalten werden.

Beginnen Sie mit den Armen senkrecht zum Boden und der Wirbelsäule durchgebogen, sodaß der Körper nach unten durchhängt. Neigen Sie jetzt den Kopf so weit wie möglich zurück. Dann biegen Sie den Körper an den Hüften ab und heben ihn an, so daß er ein umgedrehtes 'V' bildet. Gleichzeitig bringen Sie

40

Die Fünfte Übung

das Kinn nach vorn und ziehen es an die Brust. Das ist schon alles. Kehren Sie in die Ausgangsstellung zurück und fangen Sie erneut an.

Am Ende der ersten Woche wird ein Durchschnittsmensch diesen Ritus als besonders bereichernd empfinden. Sobald Sie in ihm geübt sind, lassen Sie Ihren Körper aus der angehobenen Stellung mit Leichtigkeit heruntersinken bis zu einem Punkt, wo er beinahe, aber nicht ganz, den Boden berührt.

Folgen Sie dem gleichen tiefen Atemmuster wie bei den vorherigen Riten. Atmen Sie tief ein, wenn Sie den Körper anheben. Atmen Sie vollständig aus, wenn Sie ihn senken."

"Überall wo ich hinkomme", fuhr der Colonel fort, "nennen die Leute diese Riten zuerst isometrische Übungen. Es ist wahr, daß die fünf Riten nützlich sind, um steife Muskeln und Gelenke zu strecken und den Muskeltonus zu verbessern. Aber das ist nicht ihr Hauptzweck. Der wahre Gewinn aus diesen Riten ist, daß sie die Geschwindigkeit der sich drehenden Energiewirbel normalisieren. Sie werden dazu gebracht, sich mit einer Geschwindigkeit zu drehen, die für, sagen wir, einen kraftvollen und gesunden Menschen von 25 Jahren richtig ist."

"Bei so einem Menschen", erklärte der Colonel, "drehen sich alle Wirbel mit der gleichen Geschwindigkeit. Wenn man andererseits die sieben Wirbel eines Mannes oder einer Frau mittleren Alters sehen könnte, würde man sofort feststellen, daß sich manche von ihnen beträchtlich verlangsamt haben. Sie würden sich alle mit unterschiedlicher Geschwindigkeit drehen und dadurch nicht harmonisch zusammenarbeiten. Die langsameren würden bewirken, daß der betreffende Körperteil verfällt, während die schnelleren Nervosität, Ängstlichkeit und Erschöpfung verursachen würden. So ist es der unharmonische Zustand der Wirbel, der schwache Gesundheit, Verfall und Alter hervorbringt."

Fragen und Antworten

Während der Colonel die fünf Riten beschrieb, waren bei mir immer wieder Fragen aufgetaucht, und jetzt, da er geendet hatte, begann ich einige davon zu stellen.

"Wie oft wird jeder Ritus ausgeführt?" war meine erste Frage.

"Für den Anfang", erwiderte der Colonel, "schlage ich vor, daß Sie in der ersten Woche jeden Ritus dreimal am Tag üben. Steigern Sie dann in jeder folgenden Woche um zweimal, bis Sie für jeden Ritus bei täglich 21 Mal angelangt sind. Mit anderen Worten, in der zweiten Woche üben Sie jeden Ritus fünfmal, in der dritten Woche siebenmal, in der vierten Woche neunmal täglich; und so weiter. Nach zehn Wochen werden Sie bei der vollen Zahl von 21 Mal pro Tag angekommen sein.

Wenn Sie Schwierigkeiten haben, den ersten Ritus, das Drehen, so oft auszuführen wie die anderen, dann tun Sie es einfach so oft Sie können, ohne daß Ihnen zu schwindlig wird. Mit der Zeit wird es Ihnen dann möglich sein, sich die vollen 21 Male zu drehen.

Ich kannte einen Mann, der die Riten über ein Jahr lang ausführte, bevor er sich so oft drehen konnte. Er hatte keine Schwierigkeit, die anderen vier Riten auszuführen, und so steigerte er das Drehen ganz allmählich, bis er die vollen 21 schaffte. Und er hatte vorzügliche Resultate.

Einige Leute finden es schwierig, sich überhaupt zu drehen. Wenn sie das Drehen weglassen und die anderen Riten vier bis sechs Monate lang ausüben, stellen sie für gewöhnlich fest, daß sie dann anfangen können, auch das Drehen in Angriff zu nehmen."

"Zu welcher Tageszeit sollten die Riten ausgeübt werden?" war meine nächste Frage an den Colonel.

"Sie können entweder am Morgen oder am Abend ausgeübt werden", antwortete er, "je nachdem was besser paßt. Ich praktiziere sie sowohl morgens als auch abends, aber für den Anfänger würde ich so viel Stimulierung nicht empfehlen. Wenn Sie die Riten etwa vier Monate lang ausgeführt haben, könnten Sie damit anfangen, morgens weiter die volle Anzahl auszuüben und dann zusätzlich abends jeden Ritus dreimal zu wiederholen. Steigern Sie auch dies ganz allmählich, wie bei der allmorgendlichen Übungsfolge, bis Sie bei den vollen 21 angekommen sind. Aber es ist nicht notwendig, die Riten mehr als 21 Mal zu machen, weder am Morgen noch am Abend, außer Sie sind wirklich motiviert, das zu tun."

"Ist jeder dieser Riten gleich wichtig?" fragte ich als nächstes.

"Die fünf Riten arbeiten Hand in Hand miteinander und sind alle gleich wichtig", sagte der Colonel. "Wenn Sie, nachdem Sie die Riten eine Weile lang ausgeübt haben, feststellen, daß Sie nicht in der Lage sind, sie alle die erforderliche Anzahl von Malen durchzuführen, versuchen Sie, die Riten auf zwei Übungsfolgen aufzuteilen, eine am Morgen, die andere am Abend. Wenn Sie es bei einem der Riten unmöglich finden, ihn überhaupt auszuüben, lassen Sie ihn weg und machen Sie die anderen vier. Dann, nach einigen Monaten, probieren Sie den Ritus, mit dem Sie Schwierigkeiten hatten, wieder. Es kann sein, daß sich die Resultate auf diese Weise etwas langsamer einstellen, aber einstellen werden sie sich trotzdem.

Unter keinen Umständen sollten Sie sich jedoch überanstrengen, denn das würde genau das Gegenteil bewirken. Machen Sie einfach soviel Sie sich zumuten können, und bauen Sie allmählich auf. Und seien Sie nie entmutigt. Es gibt wenige Menschen, die nicht mit Zeit und Geduld allmählich alle fünf Riten 21 Mal am Tag ausführen können.

Bei ihren Versuchen, ihre Schwierigkeiten mit einem der Riten zu überwinden, werden manche Leute sehr erfinderisch. Ein alter Bursche in Indien fand es unmöglich, den vierten Ritus auch nur einmal ordentlich auszuführen. Er gab sich nicht damit zufrieden, einfach nur seinen Körper vom Boden hochzubekommen. Er war entschlossen, eine horizontale Stellung zu erreichen, wie ich sie zuvor beschrieben habe. Also besorgte er sich eine etwa 25 cm hohe Kiste und polsterte ihre Oberseite. Dann legte er sich flach auf die Kiste, stellte seine Füße am einen Ende auf den Boden und seine Hände am anderen Ende. Aus dieser Stellung war es ihm recht gut möglich, seinen Torso in eine waagrechte Position zu bringen.

Nun, dieser Trick mag den alten Herrn nicht gerade befähigt

haben, den Ritus 21 Mal auszuführen. Was er dagegen ermöglichte, war, daß er seinen Körper so hoch heben konnte, wie viel stärkere Männer. Und dies hatte eine positive psychologische Wirkung, die für sich allein schon recht förderlich war. Es ist nicht so, daß ich seine Technik unbedingt empfehlen würde, aber sie könnte anderen helfen, die es für unmöglich halten, auf irgendeine andere Weise Fortschritte zu erzielen. Ein wenig Erfindungsgabe wird Ihnen da weitere Wege zeigen.

An meine letzte Frage anschließend, fragte ich: "Was ist, wenn einer dieser Fünf "Tibeter" ganz weggelassen wird?"

"Diese Riten sind so wirksam", sagte der Colonel, "daß man auch dann zu ausgezeichneten Resultaten kommt, wenn man einen wegläßt, dafür aber die anderen vier regelmäßig und in voller Anzahl ausübt. Sogar ein Ritus allein wird schon Wunder wirken, wie man am Beispiel der tanzenden Derwische, die ich zuvor erwähnte, sehen kann. Die älteren Derwische, die sich nicht so exzessiv drehten wie die jüngeren, waren stark und männlich - ein gutes Anzeichen dafür, daß schon ein Ritus allein starke Wirkungen haben kann. Wenn Sie also herausfinden, daß Sie einfach nicht alle Riten ausüben können, oder daß Sie sie nicht insgesamt 21 Mal ausführen können, so können Sie doch sicher sein, daß Ihnen alles, wozu auch immer Sie in der Lage sind, gute Ergebnisse bringen wird."

Meine nächste Frage war: "Können die Riten auch in Verbindung mit anderen Übungsprogrammen ausgeführt werden, oder würden die beiden miteinander im Widerspruch stehen?"

"Auf jeden Fall", sagte der Colonel, "wenn Sie schon eine Art von Übungsprogramm haben, setzen Sie es fort. Wenn Sie keines haben, sollten Sie daran denken, mit einem zu beginnen. Jede Form von Übung, besonders aber Übungen für Herz und Gefäße, helfen dem Körper, ein jugendliches Gleichgewicht aufrechtzuerhalten. Darüberhinaus werden die fünf Riten helfen, die Drehung der "Wirbel" zu normalisieren, sodaß der Körper noch empfänglicher für die wohltuenden Wirkungen von anderen Übungen wird."

"Gehört noch irgend etwas zu den fünf Riten?" fragte ich.

"Es gibt noch zwei Dinge, die helfen würden. Ich habe bereits das tiefe rhythmische Atmen erwähnt, während man zwischen den Wiederholungen der Riten ausruht. Zusätzlich wäre es hilfreich, sich zwischen den einzelnen Riten aufrecht hinzustellen, mit den Händen auf den Hüften, und mehrere Male tief und rhythmisch zu atmen. Wenn Sie ausatmen, stellen Sie sich vor, daß alle Anspannung, die in Ihrem Körper ist, herausfließt, so daß Sie sich ganz entspannt und wohl fühlen können. Wenn Sie einatmen, stellen Sie sich vor, daß Sie sich mit einem Gefühl der Erfüllung und des Wohlbehagens anfüllen.

Ein anderer Vorschlag ist, nach dem Üben der Riten entweder ein lauwarmes oder ein kühles Bad zu nehmen, aber kein kaltes. Schnell erst mit einem nassen, dann mit einem trockenen Handtuch über den Körper zu gehen, ist wahrscheinlich sogar noch besser. Vor einem muß ich Sie allerdings warnen: Sie dürfen nie eine Dusche oder ein Bad nehmen oder sich mit einem nassen Handtuch abreiben, die kalt genug sind, Sie innerlich abzukühlen. Wenn Sie das tun, haben Sie sich um den ganzen Gewinn gebracht, den Sie aus dem Ausüben der Riten gezogen haben."

Ich war aufgeregt über all das, was der Colonel mir erzählt hatte, aber ganz tief in meinem Inneren muß doch noch ein Rest von Skepsis gewesen sein. "Ist es möglich, daß die 'Quelle der Jugend' wirklich so einfach ist wie das, was Sie mir beschrieben haben?" fragte ich.

"Alles was nötig ist", antwortete der Colonel, "ist, die fünf Riten täglich zu üben – anfangs mit dreimaligem Wiederholen jeder Übung und dann allmählich zu steigern, bis Sie jeden einzelnen Ritus 21 Mal am Tag ausführen. Das ist das wunderbar einfache Geheimnis, das der ganzen Welt nützen könnte, wenn es bekannt wäre.

Natürlich", fügte er hinzu, "müssen Sie die Riten jeden Tag üben, um *wirklichen* Nutzen daraus zu ziehen. Einen Tag in der Woche dürfen Sie auslassen, aber niemals mehr. Und wenn Sie es zulassen, daß eine Geschäftsreise oder irgendeine andere Verpflichtung diese tägliche Routine unterbricht, wird Ihr gesamter Fortschritt darunter leiden.

Zum Glück finden es die meisten Leute, die mit den fünf Riten anfangen, nicht nur einfach, sondern auch erfreulich und lohnend, dies jeden Tag zu tun – besonders dann, wenn sie anfangen, die wohltuende Wirkung zu sehen. Schließlich dauert es nur etwa zwanzig Minuten, alle fünf zu machen. Und jemand, der körperlich fit ist, kann die Riten *in zehn oder noch weniger Minuten* ausführen. Wenn Sie Mühe haben, auch nur so viel freie Zeit zu finden, dann stehen Sie einfach am Morgen ein wenig früher auf, oder gehen Sie abends etwas später ins Bett.

Die fünf Riten dienen ganz ausdrücklich dem Zweck, dem Körper Gesundheit und jugendliche Vitalität zurückzugeben. Andere Faktoren tragen entscheidend dazu bei, ob Sie Ihre physische Erscheinung so dramatisch verändern werden, wie ich das getan habe. Zwei dieser Faktoren sind geistige Einstellung und Motivation.

Sie haben festgestellt, daß manche Menschen mit 40 alt aussehen, andere dagegen mit 60 noch jung. Es ist die geistige Einstellung, die diesen Unterschied ausmacht. Wenn Sie fähig sind, sich trotz Ihres Alters als jung zu empfinden, werden auch andere Sie so sehen. Sobald ich damit angefangen hatte, die fünf Riten zu üben, gab ich mir Mühe, aus meinem Kopf das Bild von mir als schwachem altem Mann zu tilgen. Stattdessen festigte ich in meiner Vorstellung ein Bild von mir in meinen besten Jahren. Und ich setzte Energie in Form von sehr starkem Verlangen hinter dieses Bild. Das Ergebnis ist das, was Sie jetzt sehen.

Für viele Menschen wäre dies ein schwieriges Unterfangen, weil sie es unmöglich finden, die Art und Weise, wie sie sich selbst sehen, zu verändern. Sie glauben, daß der Körper darauf programmiert ist, früher oder später alt und schwach zu werden, und nichts wird sie in dieser Ansicht erschüttern. Trotzdem werden sie sich, wenn sie einmal damit anfangen, die fünf Riten zu üben, jünger und energischer fühlen. Dies wird ihnen in der Folge helfen, ihr Bild von sich selbst zu verändern. Ganz allmählich werden sie beginnen, sich selbst als jünger zu empfinden. Und es wird nicht lange dauern, bis auch andere Bemerkungen darüber machen, daß sie jünger aussehen.

Es gibt noch einen anderen, äußerst wichtigen Faktor für diejenigen, die geradezu entscheidend jünger aussehen wollen, und zwar gibt noch einen zusätzlichen Ritus, den ich bis jetzt absichtlich zurückgehalten habe. Aber dieser sechste Ritus ist ein Thema, das ich für einen späteren Zeitpunkt aufheben werde."

Zweiter Teil

Kein Mensch ist frei,
der ein Sklave des Fleisches ist.
Lucius Annaeus Seneca

Fortschritte im Himalaya-Club

Es war fast drei Monate her, daß Colonel Bradford aus Indien zurückgekehrt war, und viel war in dieser Zeit geschehen. Ich hatte sofort angefangen, die fünf Riten zu üben, und war sehr zufrieden mit den ausgezeichneten Resultaten. Der Colonel war verreist gewesen, um sich um persönliche Angelegenheiten zu kümmern, sodaß ich einige Zeit keinen Kontakt mit ihm gehabt hatte. Als er mich schließlich wieder anrief, erzählte ich ihm eifrig von meinen Fortschritten und versicherte ihm, daß ich bereits zu meiner vollsten Zufriedenheit bewiesen hatte, wie höchst wirksam die Riten sein können.

In der Tat war meine Begeisterung über die Riten so groß geworden, daß ich begierig war, die Information an andere weiterzugeben, die auch davon profitieren könnten. Deshalb fragte ich den Colonel, ob er es in Betracht ziehen könnte, eine Gruppe zu leiten. Auch er hielt dies für eine gute Idee und erklärte sich dazu bereit, aber nur unter drei Bedingungen.

Die erste Bedingung war, daß die Gruppe einen Querschnitt von Männern und Frauen aller Bevölkerungsschichten bilden müsse: Akademiker, Arbeiter, Hausfrauen und so weiter. Die zweite Bedingung war, daß kein Mitglied der Gruppe unter 50 Jahren sein dürfte, obwohl sie 100 oder mehr Jahre alt sein konnten, wenn es mir gelänge, Menschen in diesem Alter zu finden, die bereit wären, mitzumachen. Der Colonel bestand darauf, obwohl die fünf Riten jüngeren Menschen genauso gut tun. Und die dritte Bedingung war, daß die Gruppe auf fünfzehn Mitglieder zu beschränken sei. Dies war eine ziemliche Enttäuschung für mich, denn ich hatte mir eine viel größere Gruppe vorgestellt. Nachdem ich ohne Erfolg versucht hatte, den Colonel dazu zu bringen, seine Einstellung zu ändern, stimmte ich allen drei Bedingungen zu.

Schon bald hatte ich eine Gruppe zusammengebracht, die allen Anforderungen entsprach, und diese Gruppe war von Anfang an ein großer Erfolg. Wir trafen uns einmal in der Woche, und schon in der zweiten Woche glaubte ich bei einigen Mitgliedern Veränderungen sehen zu können. Der Colonel ersuchte uns jedoch, nicht miteinander unsere Fortschritte zu diskutieren, und ich hatte keine Möglichkeit herauszufinden, ob die anderen mir zustimmen würden. Dann, am Ende des Monats, wurde ich von meiner Ungewißheit befreit. Wir hielten eine Art Test-Treffen ab, bei dem wir alle aufgefordert waren, uns gegenseitig unsere Ergebnisse mitzuteilen. Jeder der Anwesenden berichtete zumindest eine Verbesserung. Manche schilderten ihre Fortschritte in leuchtenden Farben, und ein paar davon konnte man sogar bemerkenswert nennen. Ein Mann, der auf die 75 zuging, hatte am allermeisten profitiert.

Die wöchentlichen Treffen des "Himalaya-Clubs", wie wir ihn nannten, gingen weiter. Als schließlich die zehnte Woche kam, übten praktisch alle Mitglieder alle fünf Riten 21 Mal am Tag. Alle behaupteten nicht nur, sich besser zu fühlen, sie glaubten auch, daß sie jünger aussahen, und einige scherzten sogar, daß sie nun nicht mehr ihr wahres Alter verrieten. Dies erinnerte mich daran, daß der Colonel, als wir ihn einige Wochen zuvor nach seinem Alter gefragt hatten, gesagt hatte, daß er uns diese Information bis zum Ende der zehnten Woche vorenthalten würde. Nun, dieser Zeitpunkt war jetzt gekommen, aber der Colonel war noch nicht eingetroffen. Jemand schlug vor, daß jeder von uns das Alter des Colonels raten und es auf ein Stück Papier schreiben solle. Wenn wir dann die Wahrheit erführen, könnten wir sehen, wer ihr am nächsten gekommen war. Wir stimmten dem zu, und die Papierstreifen wurden gerade eingesammelt, als der Colonel hereinkam.

Als wir erklärten, was wir im Schilde führten, sagte Colonel Bradford: "Bringen Sie sie her, damit ich sehen kann, wie gut Sie geschätzt haben. Und dann werde ich Ihnen sagen, wie alt ich wirklich bin." Mit amüsierter Stimme las der Colonel jeden der Streifen laut vor. Alle hatten geschätzt, daß er in den Vierzigern sei, und die meisten hatten auf die frühen Vierziger getippt.

"Meine Damen und Herren", sagte er, ich danke Ihnen für Ihre großzügigen Komplimente. Und nachdem Sie ehrlich mit mir waren, werde ich es auch mit Ihnen sein. An meinem nächsten Geburtstag werde ich 73 Jahre alt werden."

Zuerst starrten ihn alle ungläubig an. War es wirklich möglich, daß ein 73 Jahre alter Mann nur beinahe halb so alt aussah? Dann drängte sich ihnen die Frage auf, wieso der Colonel Erfolge erzielt hatte, die so viel eindrucksvoller waren als die ihren.

"Vor allem", erklärte der Colonel, "machen Sie diese wundervolle Arbeit erst seit zehn Wochen. Wenn Sie zwei Jahre davon hinter sich haben, werden Sie eine viel ausgeprägtere Veränderung feststellen. Aber es gehört noch mehr dazu. Ich habe Ihnen noch nicht alles gesagt, was es zu wissen gibt.

Ich habe Ihnen fünf Riten gegeben, deren Zweck es ist, jugendliche Gesundheit und Vitalität zu verleihen. Sie werden Ihnen auch helfen, ein jüngeres Aussehen zurückzugewinnen. Aber wenn Sie wirklich wollen, daß die Gesundheit und das Aussehen der Jugend vollständig wiederhergestellt werden, gibt es einen sechsten Ritus, den Sie üben müssen. Ich habe bis jetzt nichts darüber gesagt, weil es sinnlos für Sie gewesen wäre, hätten Sie nicht zuerst gute Ergebnisse aus den anderen fünf erzielt."

Noch einen Schritt weiter

Der Colonel warnte sie, daß sie, um aus diesem sechsten Ritus Nutzen zu ziehen, sich eine sehr harte Disziplin auferlegen müßten. Er schlug ihnen vor, einige Zeit darüber nachzudenken, ob sie gewillt waren, dies für den Rest ihres Lebens zu tun. Und diejenigen, die mit dem sechsten Ritus weiterzumachen wünschten, lud er ein, in der folgenden Woche wiederzukommen. Nachdem sie darüber nachgedacht hatten, kamen nur fünf Mitglieder der Gruppe wieder, doch der Colonel sagte, daß dies ein besseres Ergebnis sei, als ihm mit irgendeiner seiner Gruppen in Indien gelungen wäre.

Als er ihnen von diesem zusätzlichen Ritus erzählte, erklärte der Colonel, daß dieser die *Regenerationsenergie* des Körpers heben würde. Dieser Prozeß würde nicht nur eine geistige Erneuerung bewirken, sondern auch den ganzen Körper erneuern. Aber er warnte, daß dies eine Selbstbeschränkung erfordern würde, die die meisten Menschen nicht zu akzeptieren bereit wären. Dann fuhr der Colonel mit seiner Erklärung fort:

"Beim Durchschnittsmann und der Durchschnittsfrau wird ein großer Teil der Lebenskraft, der die sieben Energiewirbel oder Chakras nährt, als Sexualenergie im ersten Chakra weggegeben, so daß die anderen sechs *unterernährt* bleiben.

Um ein 'Supermann' oder eine 'Superfrau' zu werden, muß diese gewaltige Energie zuerst aktiviert und dann nach oben gerichtet werden, sodaß sie von allen "Wirbeln" genutzt werden kann, ganz besonders vom siebten. Mit anderen Worten: Es ist notwendig, sich auf das Zölibat einzulassen, sodaß die Sexualenergie zu einem höheren Nutzen *umgeleitet* werden kann (Anmerkung der Herausgeber s. S. 56).

Nun ist es eine sehr einfache Sache, vitale Lebenskraft nach oben zu richten, und doch haben die Versuche der Menschen durch die Jahrhunderte für gewöhnlich fehlgeschlagen. Im Westen haben religiöse Orden genau dies versucht und sind gescheitert – weil sie versuchten, Fortpflanzungsenergie zu beherrschen, indem sie sie unterdrückten. Es gibt nur einen Weg, diesen mächtigen Trieb zu beherrschen, und das ist nicht, indem man ihn vergeudet oder unterdrückt, sondern indem man ihn *umwandelt* – ihn umwandelt und zugleich *emporhebt*. Auf diese Weise haben Sie das 'Lebenselixier', wie es die Alten nannten, nicht nur entdeckt, Sie haben es dann auch zur *Anwendung* gebracht, was den Alten nur selten gelungen ist.

Nun, um den sechsten Ritus auszuführen, beachten Sie folgendes: Er sollte nur geübt werden, wenn Sie einen *Überschuß an sexueller Energie* haben und ein natürliches Verlangen besteht, dem Ausdruck zu verleihen. Zum Glück ist dieser Ritus so einfach, daß Sie ihn überall und jederzeit ausüben können, wann immer Sie das Bedürfnis spüren.

Das ist alles: Stellen Sie sich aufrecht hin und lassen Sie alle Luft aus Ihren Lungen entweichen. Beugen Sie sich dabei nach vorn und legen Sie Ihre Hände auf die Knie. Pressen Sie den letzten Rest an Luft heraus und kehren Sie dann, mit leeren Lungen, in die aufrechte Stellung zurück. Legen Sie die Hände auf die Hüften und drücken Sie sie nach unten. Dadurch werden Ihre Schultern nach oben geschoben. Ziehen Sie dabei den Bauch so weit wie möglich ein und heben Sie gleichzeitig die Brust an.

Halten Sie diese Stellung jetzt, so lange Sie es aushalten. Wenn Sie schließlich gezwungen sind, wieder Luft in Ihre leeren Lungen aufzunehmen, lassen Sie die Luft durch die Nase einströmen. Wenn die Lungen voll sind, atmen Sie durch den Mund aus. Beim Ausatmen entspannen Sie Ihre Arme und lassen sie natürlich locker an den Seiten herunterhängen. Atmen Sie dann mehrmals tief durch Mund oder Nase ein und lassen Sie die Luft durch Mund oder Nase wieder entweichen. Das ist der Ritus, der das ganze System abrundet – die Krönung des Ganzen! Für die meisten Menschen sind *nur drei Wiederholungen* erforderlich, um die sexuelle Energie umzuleiten und ihre starke Kraft aufwärts zu lenken.

Es gibt nur einen Unterschied zwischen einem Menschen, der gesund und vital ist, und einem 'Supermann' oder einer 'Superfrau'. Erstere(r) leitet vitale Lebenskraft in Ausdruck und Austausch der sexuellen Energie, während Letztere(r) diese Kraft nach oben lenkt, um Gleichgewicht und Harmonie durch alle sieben "Wirbel" zu schaffen. Das ist der Grund, warum ein solcher Mensch jeden Tag und jeden Augenblick

Die Sechste Übung

jünger wird. Er erzeugt in sich selbst das wahre 'Elixier des Lebens'.

Jetzt können Sie verstehen, daß ich die 'Quelle der Jugend' die ganze Zeit in mir trug. Die fünf Riten – oder sechs, um genauer zu sein – waren lediglich ein Schlüssel, der die Tür aufsperrte. Wenn ich an Ponce de Leon denke und an seine vergebliche Suche nach dem 'Jungbrunnen', dann denke ich, welch ein Jammer es war, daß er so weit umherzog, um doch mit leeren Händen zu enden. Er hätte sein Ziel erreichen können, ohne auch nur seine Heimat zu verlassen. Aber genau wie ich, so glaubte auch er, daß sich der 'Jungbrunnen' in einem entfernten Winkel der Welt befinden müsse. Nie kam ihm die Vermutung, daß er die ganze Zeit direkt in ihm selbst verborgen lag.

Bitte verstehen Sie, daß es, um den sechsten Ritus sinnvoll auszuüben, notwendig ist, daß die betreffende Person auch tatsächlich einen sexuellen Trieb verspürt. Er oder sie können Sexualenergie kaum umwandeln, wenn da wenig oder gar nichts umzuwandeln ist. Es ist unmöglich für einen Menschen, der keinen Sexualtrieb mehr verspürt, aus diesem Ritus einen Nutzen zu ziehen. Er oder sie sollte dies nicht einmal versuchen, denn es würde nur zu Entmutigung führen. Stattdessen sollte dieser Mensch, ungeachtet seines Alters, zuerst die anderen fünf Riten lange genug üben, bis er seinen Sexualtrieb zurückgewinnt.

Auch sollte den sechsten Ritus nicht ausführen, wer nicht aufrichtig dazu motiviert ist. Wenn sich ein Mensch unvollständig fühlt, was den Ausdruck seiner Sexualität angeht, und darum kämpfen muß, ihre Anziehungskraft zu überwinden, dann ist er nicht wirklich fähig dazu, Sexualenergie umzuwandeln und aufwärts zu lenken. Die Energie könnte stattdessen fehlgeleitet werden in Unruhe und inneren Konflikt. Der sechste Ritus ist vor allem für diejenigen bestimmt, die sich sexuell vollendet fühlen und ein wirkliches Verlangen haben, sich anderen Zielen zuzuwenden.

Für die große Mehrheit der Menschen ist die Wahl eines Lebens im Zölibat kein gangbarer Weg, und sie sollten einfach die ersten fünf Riten ausüben. Doch ist es möglich, daß die fünf Riten mit der Zeit zu einer Veränderung der Prioritäten und zu dem aufrichtigen Verlangen führen, ein 'Supermann' oder eine 'Superfrau' zu werden. Zu diesem Zeitpunkt sollte die oder der Betreffende den festen Entschluß fassen, einen neuen Lebensweg zu beginnen. Ein solcher Mensch sollte dann bereit sein, diesen Weg fortzusetzen, ohne zurückzuschauen. Wer dazu fähig ist, ist auf dem Weg, wahre Meisterschaft zu erlangen – fähig dazu, vitale Lebenskraft zu benutzen, um alles zu erreichen, was er wünscht."

Anmerkung der Herausgeber: Es ist tatsächlich ein Widerspruch, die Sexualenergie in die oberen Chakras zu leiten (was die sechste Übung bewirkt) und dabei körperlich sexuell aktiv zu sein, also Energie in den unteren Chakras zu beanspruchen. Darauf bezieht sich die Warnung des Colonel Bradford, der überdies das Dogma von der Unvereinbarkeit sexueller Lust und "wahrer" Spiritualität vertritt. Dieser in den dreißiger Jahren verbreiteten Haltung mögen die Herausgeber nicht zustimmen. Dagegen wurde der warnende Hinweis auf das Risiko beim Experimentieren mit dieser Übung in den bisherigen Auflagen beibehalten – und zwar aus (vielleicht übergroßer) Vorsicht. Inzwischen kann festgestellt werden: es bereitet keinerlei Schwierigkeiten, die sechste Übung in Zeiten sexueller Enthaltsamkeit mit anzuwenden und später – nach "Rückkehr" in die körperlich-lebendige Sexualität – wieder abzusetzen, d. h. dann mit den gewohnten fünf "Tibetern" weiterzumachen. Darüber liegen Erfahrungen vor, u. a. von Heilpraktikern und Therapeuten. Auch Penny McLean, die in ihren Seminaren und Vorträgen, die "Tibeter" empfiehlt, bezieht den sechsten "Tibeter" dabei mit ein. Schließlich berichten Schüler aus Chris Griscoms Nizhoni-Schule, daß diese Übung ihnen hilft, die neuen Gefühle und Energien in der Pubertät zu kanalisieren. Sie praktizieren den sechsten "Tibeter" und leben nicht enthaltsam. Allerdings achten sie darauf, *einige Stunden nach dem Üben nicht sexuell aktiv zu sein.*

Dritter Teil

Um dein Leben zu verlängern,
kürze deine Mahlzeiten.
Benjamin Franklin

Vitalität und Ernährung

Nach der zehnten Woche war Colonel Bradford nicht mehr bei jedem Treffen dabei, doch blieb sein Interesse an dem "Himalaya-Club" bestehen. Von Zeit zu Zeit pflegte er zu der Gruppe über verschiedene hilfreiche Themen zu sprechen, und gelegentlich fragten Mitglieder der Gruppe ihn in bestimmten Dingen um Rat. Zum Beispiel waren mehrere von uns besonders an gesunder Ernährung interessiert und an der ungeheuer wichtigen Rolle, die die Nahrung in unserem Leben spielt. Es gab verschiedene Ansichten zu diesem Thema, und so beschlossen wir, Colonel Bradford zu bitten, uns die Nahrung der Lamas und ihre Ernährungsgrundsätze zu beschreiben.

"In dem Kloster im Himalaya, in dem ich Novize war", sagte der Colonel, als er in der folgenden Woche zu uns sprach, "gibt es keine Probleme, die die richtige Nahrung betreffen, oder die Beschaffung ausreichender Mengen von Nahrung. Jeder der Lamas leistet seinen Beitrag zur der Arbeit, das zu produzieren, was benötigt wird. Die ganze Arbeit wird auf die primitivste Art und Weise getan. Sogar der Boden würde mit dem Spaten umgegraben, wenn sie das wollten, aber sie ziehen den direkten Kontakt mit der Erde vor. Sie empfinden, daß das direkte Handhaben und Bearbeiten der Erde der Existenz des Menschen etwas hinzufügt. Ich persönlich empfand dies als eine Erfahrung, die mein Leben bereichert hat. Sie trug zu einem Gefühl der Einheit mit der Natur bei.

Nun, es stimmt, daß die Lamas Vegetarier sind, wenn auch nicht im strikten Sinne. Sie verwenden Eier, Butter und Käse in genau den Mengen, die ausreichend sind, um bestimmten Funktionen des Gehirns, des Körpers und des Nervensystems zu dienen. Sie essen jedoch kein Fleisch, denn die Lamas, die stark und gesund sind und den sechsten Ritus üben, scheinen kein Bedürfnis nach Fleisch, Fisch und Geflügel zu haben.

Die meisten Personen, die sich dem Stand der Lamas anschlossen, waren wie ich weltliche Männer, die wenig über angemessene Nahrung und bewußte Ernährung informiert waren. Aber nicht lange nach ihrer Ankunft im Kloster begannen sich bei ihnen unweigerlich wunderbare Zeichen physischer Besserung zu zeigen. Und dies war zumindest teilweise auf ihre Ernährung dort zurückzuführen.

Kein Lama ist wählerisch in Bezug auf das, was er ißt. Er kann das gar nicht sein, weil es wenig gibt, worunter man wählen könnte. Die Diät eines Lamas besteht aus guter, bekömmlicher Nahrung, aber in der Regel besteht sie aus *nur einer Art von Nahrung zu jeder Mahlzeit*. Das allein ist schon ein wichtiges Geheimnis für Gesundheit. Wenn man jedesmal nur eine Art von Nahrung zu sich nimmt, kann es kein Aufeinanderprallen von Nahrungsmitteln im Magen geben. Nahrungsmittel prallen im Magen aufeinander, weil Kohlehydrate sich nicht gut mit Proteinen mischen. Wenn zum Beispiel Brot, das aus Kohlehydraten besteht, mit Proteinen wie Fleischwaren, Eiern oder Käse gegessen wird, wird im Magen eine chemische Reaktion in Gang gesetzt. Diese kann nicht nur Blähungen und sofortige körperliche Beschwerden bewirken. Über längere Zeit kann sie auch zu einer verkürzten Lebensspanne und verminderter Lebensqualität beitragen.

Viele Male setzte ich mich in der Speisehalle des Klosters mit den Mönchen an den Tisch zu einem Mahl, das *nur aus* Brot bestand. Dann wieder aßen wir nichts als Gemüse und Obst *wie es geerntet war*. Bei anderen Mahlzeiten aß ich nichts als *gekochte* Gemüse und Früchte.

Zuerst hatte ich großes Verlangen nach meinen gewohnten Mahlzeiten und der Vielfalt von Nahrungsmitteln, an die ich gewöhnt war; aber es dauerte nicht lange, und ich konnte eine

Mahlzeit essen und genießen, die aus nichts anderem als aus dunklem Brot bestand oder nur aus einer Sorte Obst. Manchmal schien eine Mahlzeit, die aus nur einer Sorte Gemüse bestand, ein Festessen zu sein.

Ich will damit nicht vorschlagen, daß Sie sich auf eine Ernährungsweise beschränken, die aus nur einer Art von Nahrungsmittel pro Mahlzeit besteht, oder auch nur, daß Sie Fleisch aus Ihrer Ernährung streichen. Aber ich würde empfehlen, daß Sie Kohlehydrate, Obst und Gemüse bei Ihren Mahlzeiten von Fleischwaren, Fisch und Geflügel getrennt halten. Es ist in Ordnung, bei einer Mahlzeit nur Fleisch zu essen. Wenn Sie das wünschen, können Sie bei einer Mahlzeit auch verschiedene Arten von Fleisch essen. Und es ist auch in Ordnung, Butter, Eier und Käse zu einem Fleischgericht zu essen und, wenn Sie wollen, dazu Kaffee oder Tee zu trinken. Aber Sie dürfen die Mahlzeit nicht mit etwas Süßem oder Kohlehydratreichem abschließen – keine Torten, Kuchen oder Puddings.

Butter scheint neutral zu sein. Man kann sie sowohl mit Kohlehydraten als auch mit Fleischgerichten essen. Milch paßt besser zu Kohlehydraten. Kaffee und Tee sollte immer schwarz getrunken werden, nie mit Sahne, obwohl es nicht schaden wird, in geringem Maße zu süßen.

Die angemessene Verwendung von Eiern war eine andere interessante und nützliche Sache, die ich während meines Aufenthalts im Kloster lernte. Die Lamas pflegten keine ganzen Eier zu essen, außer sie hatten harte körperliche Arbeit zu verrichten. Dann aßen sie manchmal ein ganzes, mittelweich gekochtes Ei. Aber sie aßen häufig rohen Eidotter, ohne das Eiweiß. Zuerst schien mir das Verschwendung eines ausgesprochen guten Nahrungsmittels zu sein, das Eiweiß den Hühnern vorzuwerfen. Aber dann lernte ich, daß Eiweiß nur von den Muskeln verwertet wird und deshalb nur gegessen werden sollte, wenn die Muskeln angestrengt werden.

Ich hatte schon immer gewußt, daß Eigelb nahrreich ist, aber seinen wahren Wert lernte ich erst kennen, nachdem ich mit einem anderen Mann aus dem Westen gesprochen hatte, der im Kloster lebte und Kenntnisse in Biochemie hatte. Er sagte mir, daß gewöhnliche Hühnereier tatsächlich die Hälfte all der Elemente enthalten, die für das Gehirn, die Nerven und die Organe des Körpers erforderlich sind. Es stimmt, daß diese Elemente nur in geringen Mengen benötigt werden, aber sie müssen in der Ernährung enthalten sein, wenn man außergewöhnlich kräftig und gesund sein will, sowohl geistig wie auch körperlich.

Noch eine sehr wichtige Sache lernte ich von den Lamas. Sie lehrten mich, wie wichtig es ist, langsam zu essen, nicht um guter Tischmanieren willen, sondern um die Nahrung gründlicher zu zerkauen. Das Kauen ist der erste wichtige Schritt beim Abbau der Nahrung, so daß sie vom Körper verwertet werden kann. Alles was man ißt, sollte *im Mund verdaut* werden, bevor es im Magen verdaut wird. Wenn man Essen hinunterschlingt und diesen entscheidenden Schritt dabei übergeht, ist es buchstäblich Dynamit, wenn es in den Magen gelangt.

Proteinreiche Nahrungsmittel wie Fleisch, Fisch und Geflügel erfordern weniger Kauen als komplexe Kohlehydrate. Trotzdem ist es gut, auch sie gründlich zu kauen. Je vollständiger Nahrung zerkaut wird, desto nahrhafter ist sie. Das bedeutet, daß Sie durch gründliches Kauen die Menge Ihrer Nahrung oft um die Hälfte reduzieren können.

Viele Dinge, die ich als selbstverständlich angesehen hatte, bevor ich in das Kloster kam, schienen mir schockierend, als ich es zwei Jahre später wieder verließ. Eines der ersten Dinge, die mir auffielen, als ich in einer der Hauptstädte Indiens eintraf, waren die großen Nahrungsmengen, die jeder verspeiste, der es sich leisten konnte. Ich sah einen Mann, der bei nur einer Mahlzeit eine Nahrungsmenge aß, die ausgereicht hätte, um vier hart arbeitende Lamas zu verköstigen und vollständig zu ernähren. Aber die Lamas würden natürlich nicht im Traum daran denken, ihren Mägen die Kombinationen von Nahrungsmitteln zuzuführen, die dieser Mann verspeiste.

Die Vermengung von Nahrungsmitteln in einer Mahlzeit war eine andere Sache, die mich entsetzte. Daran gewöhnt, ein oder zwei Nahrungsmittel pro Mahlzeit zu essen, verblüffte es mich, eines Abends auf der Tafel meines Gastgebers 23 verschiedene Arten von Nahrungsmitteln zu zählen. Kein Wunder, daß die Menschen im Westen eine so miserable Gesundheit haben. Sie scheinen wenig oder gar nichts über die Beziehung zwischen

Ernährung einerseits und Gesundheit und Kraft andererseits zu wissen.

Die richtigen Nahrungsmittel, die richtigen Kombinationen und die richtige Menge von Nahrungsmitteln bringen in Verbindung mit der richtigen Eßweise wunderbare Ergebnisse hervor. Wenn Sie Übergewicht haben, werden sie Ihnen helfen abzunehmen. Und wenn Sie Untergewicht haben, werden sie Ihnen helfen zuzunehmen. Es gibt noch eine ganze Reihe anderer Punkte über Nahrung und Ernährung, auf die ich gerne eingehen würde, aber aus Zeitmangel ist dies nicht möglich. Merken Sie sich nur diese fünf Dinge:

(1) Essen Sie nie Kohlehydrate und Fleisch bei der gleichen Mahlzeit, obwohl es Ihnen jetzt möglicherweise nicht allzu viele Beschwerden verursacht, wenn Sie stark und gesund sind.

(2) Wenn Kaffee Ihnen Beschwerden verursacht, trinken Sie ihn schwarz, ohne Milch oder Sahne. Wenn er Ihnen immer noch Verdruß bereitet, streichen Sie ihn aus Ihrer Ernährung.

(3) Kauen Sie Ihr Essen, bis es flüssig ist, und reduzieren Sie die Nahrungsmenge, die Sie essen.

(4) Essen Sie rohes Eigelb einmal am Tag, jeden Tag. Essen Sie es entweder unmittelbar vor oder unmittelbar nach dem Essen – nicht während des Essens.

(5) Reduzieren Sie die Vielfalt an Nahrungsmitteln, die Sie bei einer Mahlzeit essen, auf ein Minimum."

Das *rohe Eigelb,* das Colonel Bradford empfiehlt, sollten Sie besser nicht zu sich nehmen. Außer vielleicht, wenn Sie auf dem Land wohnen und Ihre Eier garantiert frisch direkt aus den Nestern von Hühnern erhalten, die nach artgerechter Bodenhaltung leben und völlig natürlich ernährt werden. Wenn dies nicht der Fall ist, dann sollten Sie die Finger von Eiern lassen und statt dessen über Nacht eingeweichte Nüsse essen. Die Eier, die bei uns heutzutage auf dem Markt sind, sind zunehmend mit Salmonellen verseucht, die beim Menschen tödlich wirken können. Zudem sind Eier, wenn sie älter als wenige Stunden sind, extrem stark mit allen möglichen Arten anderer Keime belastet.

Die oben genannten Hinweise für energiespendende einfache Mahlzeiten sind weiter entwickelt worden in dem anregenden Rezept- und Ernährungsbuch von Devanando O. Weise und Jenny P. Frederiksen: *Die Fünf »Tibeter«-Feinschmecker-Küche – Mit 144 Rezepten auf der Basis von Trennkost und mehr* (Wessobrunn 1993, Integral Verlag).

Vierter Teil

*Ein schwacher Körper
schwächt den Geist.*
Jean Jacques Rousseau

Die Energie der Stimme

Colonel Bradford sprach ein letztes Mal zum "Himalaya-Club",
bevor er in andere Teile der Vereinigten Staaten und in seine
Heimat England abreiste. Die Wahl seines Themas war auf
verschiedene Dinge gefallen, die außer den Fünf "Tibetern" den
Verjüngungsprozeß unterstützen. Und als er vor der Gruppe
stand, schien er drahtiger, frischer und vitaler zu sein als je zuvor.
Unmittelbar nach seiner Rückkehr aus Indien hatte er den
Anschein erweckt, die Vollkommenheit in Person zu sein. Aber
seitdem hatte er weitere Fortschritte gemacht, und sogar jetzt
schien er noch hinzuzugewinnen.

"Zuallererst", sagte der Colonel, "muß ich mich bei den
Frauen in unserer Gruppe entschuldigen, denn vieles von dem,
was ich heute abend zu sagen habe, wird auf Männer bezogen
sein. Selbstverständlich sind die fünf Riten, die ich Sie gelehrt
habe, Männern und Frauen in gleicher Weise zuträglich. Aber da
ich selbst ein Mann bin, würde ich gerne über ein Thema
sprechen, das auch für andere Männer von Bedeutung ist.

Ich werde zunächst über die männliche Stimme sprechen.
Wissen Sie, daß manche Experten sagen können, wieviel sexuelle
Vitalität ein Mann besitzt, einfach dadurch, daß sie ihm beim
Reden zuhören? Wir haben alle schon die schrille, piepsende
Stimme eines Mannes im fortgeschrittenen Alter gehört. Wenn
die Stimme eines älteren Menschen diese Tonlage anzunehmen
beginnt, dann ist das unglücklicherweise ein sicheres Zeichen

dafür, daß der körperliche Verfall schon ziemlich fortgeschritten ist. Lassen Sie mich dies erklären.

Der fünfte Energiewirbel im Halsbereich regiert die Stimmbänder, und er hat auch eine direkte Verbindung mit dem ersten Energiewirbel im Sexualzentrum des Körpers. Natürlich stehen alle "Wirbel" in Verbindung miteinander, aber diese beiden sind sozusagen miteinander verzahnt. Was den einen beeinflußt, beeinflußt auch den anderen. Wenn deshalb die Stimme eines Mannes hoch und schrill ist, so ist dies ein Anzeichen dafür, daß seine sexuelle Vitalität gering ist. Und wenn die Energie in diesem ersten "Wirbel" gering ist, dann können Sie darauf wetten, daß sie auch in den anderen sechs "Wirbeln" nur mangelhaft vorhanden ist.

Nun, alles was nötig ist, um den ersten und fünften "Wirbel" zu beschleunigen, und mit ihnen alle anderen, ist, die fünf Riten zu üben. Aber es gibt noch eine andere Methode, die Männer anwenden können, um den Prozeß zusätzlich zu beschleunigen. Sie ist ganz einfach. Alles was erforderlich ist, ist Willenskraft. Sie brauchen nur die bewußte Anstrengung zu unternehmen, Ihre Stimme tiefer zu machen. Hören Sie sich selbst beim Reden zu, und wenn Sie hören, daß Ihre Stimme höher und schriller wird, stellen Sie sie auf eine tiefere Stimmlage ein. Hören Sie Männern zu, die eine gute, feste Sprechstimme haben, und merken Sie sich den Klang. Und versuchen Sie dann, immer wenn Sie sprechen, Ihre Stimme so gut wie möglich in dieser männlichen Stimmlage zu halten.

Für einen sehr alten Mann wird dies eine ziemliche Herausforderung darstellen, aber die Belohnung ist, daß es ausgezeichnete Ergebnisse hervorbringt. Es wird nicht lange dauern, bis die tiefere Schwingung Ihrer Stimme den Energiewirbel an der Halsbasis beschleunigen wird. Dies wiederum wird dazu beitragen, den Energiewirbel im Sexualzentrum zu beschleunigen, der das Tor des Körpers zur vitalen Lebensenergie ist. Wenn diese Energie stärker aufwärts fließt, wird sich der "Wirbel" in der Kehle noch schneller drehen und damit der Stimme helfen, noch tiefer zu werden, und so weiter.

Es gibt junge Männer, die jetzt kräftig und männlich erscheinen, die aber unglücklicherweise nicht lange so bleiben werden.

64

Dies kommt daher, daß ihre Stimmen nie völlig ausgereift und ziemlich hoch geblieben sind. Diese Männer können ebenso wie die älteren, von denen ich gesprochen habe, ausgezeichnete Ergebnisse erzielen, wenn sie die bewußte Anstrengung machen, ihre Stimme zu senken. Bei einem jungen Mann wird dies dazu beitragen, die Männlichkeit zu erhalten, und beim älteren, sie zu erneuern.

Vor einiger Zeit stieß ich auf eine ausgezeichnete Stimmübung. Sie ist, wie andere wirkungsvolle Dinge auch, ganz einfach. Immer wenn Sie allein sind, oder wenn die Lärmkulisse ausreicht, Ihre Stimme zu übertönen, sodaß Sie andere nicht stören, üben Sie mit leiser Stimme, zum Teil durch die Nase, 'Mimm - Mimm - Mimm - Mimm' zu sagen. Wiederholen Sie es immer wieder und bringen Sie Ihre Stimme dabei schrittweise immer tiefer, bis Sie sie so tief gezwungen haben, wie Sie nur irgend können. Es ist wirkungsvoll, dies als allererstes am Morgen zu üben, wenn sich die Stimme für gewöhnlich sowieso in einem tieferen Register befindet. Und dann bemühen Sie sich, Ihre Stimme für den Rest des Tages in einer tiefen Stimmlage zu halten.

Sobald Sie anfangen Fortschritte zu machen, üben Sie im Badezimmer, sodaß Sie hören können, wie Ihre Stimme zurückgeworfen wird. Versuchen Sie dann, die gleiche Wirkung in einem größeren Raum zu erzielen. Wenn die Schwingung Ihrer Stimme intensiviert ist, wird sie bewirken, daß sich die anderen "Wirbel" im Körper schneller drehen, vor allem der erste im Sexualzentrum und der sechste und siebte im Kopf.

Auch bei älteren Frauen kann die Stimme hoch und schrill werden, und sie sollte auf die gleiche Weise tiefer gestimmt werden. Natürlich ist eine Frauenstimme von Natur aus höher als die eines Mannes, und Frauen sollten nicht versuchen, ihre Stimme so weit zu senken, daß sie männlich klingt. In der Tat wäre es für eine Frau, deren Stimme ungewöhnlich männlich klingt, sogar vorteilhaft, wenn sie versuchte, ihre Stimmlage mit der beschriebenen Methode anzuheben.

Die Lamas singen, manchmal stundenlang, unisono in einer tiefen Tonlage. Die Bedeutung liegt dabei nicht im Singen selbst oder in der Bedeutung der Worte, sondern in der Schwingung ihrer Stimmen und deren Wirkung auf die sieben Chakras. Vor Tausenden von Jahren entdeckten die Lamas, daß die Schwingungsfrequenz des Klanges 'Oh-mmm...' besonders mächtig und wirkungsvoll ist – der berühmte Laut OM. Männer wie Frauen werden es als höchst zuträglich erleben, diesen Klang zumindest einige Male jeden Morgen zu singen. Noch hilfreicher ist es, ihn während des Tages zu wiederholen, wann immer Sie können.

Füllen Sie Ihre Lungen vollständig mit Luft, und stoßen Sie den ganzen Atem, aufrecht stehend, langsam wieder aus, um dabei einen langen 'Oh-mmm...'-Klang zu erzeugen. Teilen Sie den Atem dabei etwa halb und halb zwischen dem 'Ohhh...' und dem 'Mmmm...'. Fühlen Sie das 'Ohhh...' durch den Brustraum vibrieren und das 'Mmmm...' durch den Nasenraum. Diese einfache Übung trägt in hohem Maße dazu bei, die sieben "Wirbel" aufeinander einzustellen, und Sie werden die wohltuende Wirkung dieser Übung fast von Anfang an spüren können. Vergessen Sie nicht, daß es die Schwingung der Stimme ist, auf die es dabei ankommt, nicht das Singen als solches oder die Bedeutung des Klangs."

Das Wunder wirkt weiter

"Alles, was ich Sie bisher gelehrt habe", sagte der Colonel, nachdem er einen Moment innegehalten hatte, "betraf die sieben Chakras. Jetzt aber würde ich gerne noch auf ein paar Dinge zu sprechen kommen, die uns alle viel jünger machen können, obwohl sie nicht direkt mit diesen Energiewirbeln zusammenhängen.

Wenn es möglich wäre, einen alternden Mann oder eine alternde Frau plötzlich aus ihrem altersschwachen Körper herauszunehmen und in einen neuen, ungefähr 25 Jahre jungen Körper zu stecken, wäre ich bereit zu wetten, daß er oder sie auch weiterhin wie ein alter Mensch handeln und an der *Geisteshaltung* festhalten würde, die in erster Linie dazu beigetragen hat, sie alt zu machen.

Obwohl sich die meisten Menschen über das vorrückende Alter beschweren, ziehen sie in Wahrheit ein zweifelhaftes Vergnügen aus dem Altwerden und all den Behinderungen, die damit einhergehen. Selbstredend werden sie durch diese Einstellung nicht gerade jünger werden. Wenn ein älterer Mensch wirklich jünger werden will, muß er *denken, handeln und sich benehmen wie ein jüngerer Mensch* und die Einstellungen und Manierismen des Alters hinter sich lassen.

Das erste, worauf es zu achten gilt, ist Ihre Körperhaltung. Richten Sie sich auf! Als Sie zum ersten Mal in diese Gruppe kamen, waren manche von Ihnen so vornüber gebeugt, daß sie wie Fragezeichen aussahen. Aber als die Vitalität zurückzukehren begann und sich Ihre Lebensgeister wieder regten, besserte sich auch Ihre Haltung. Das war gut, aber bleiben Sie jetzt nicht stehen. Denken Sie an Ihre Haltung, wenn Sie Ihren täglichen Angelegenheiten nachgehen. Halten Sie Ihren Rücken gerade, werfen Sie sich in die Brust, ziehen Sie das Kinn an, und halten Sie den Kopf hoch. Und mit einem Schlag haben Sie Ihre Erscheinung um 20 Jahre verjüngt, und Ihr Verhalten um 40.

Befreien Sie sich auch von den Altersmanierismen. Wenn Sie gehen, seien Sie sich zuerst im Klaren darüber, wohin Sie gehen; gehen Sie dann los und direkt darauf zu. Schlurfen Sie nicht;

heben Sie Ihre Füße und schreiten Sie aus. Behalten Sie Ihr Ziel in dem einen Auge und alles, woran Sie vorbeikommen, in dem anderen.

In dem Kloster im Himalaya war ein Mann, aus dem Westen wie ich, bei dem Sie geschworen hätten, daß er nicht über 35 sei, und er handelte wie ein Mann von 25. In Wirklichkeit war er über 100 Jahre alt. Wenn ich Ihnen verraten würde, wie viel über 100, würden Sie es mir nicht glauben.

Wenn Sie diese Art von Wunder vollbringen wollen, müssen Sie zuerst das *Verlangen* haben, es zu tun. Dann müssen Sie die Vorstellung akzeptieren, daß es nicht nur wahrscheinlich, sondern *sicher* ist, *daß Sie es vollbringen werden*. Solange das Ziel, jünger zu werden, für Sie ein unmöglicher Traum ist, wird es genau das auch bleiben. Aber wenn Sie sich die wunderbare Wahrheit vollkommen zu eigen machen, daß Sie tatsächlich in Ihrer Erscheinung, Gesundheit und Einstellung jünger werden können, und wenn Sie dieser Wahrheit durch zielgerichtetes Verlangen Energie verleihen, dann haben Sie bereits den ersten Schluck aus den heilenden Wassern der 'Quelle der Jugend' getrunken.

Die fünf einfachen Riten, die ich Sie gelehrt habe, sind ein Werkzeug oder ein Mittel, das Sie befähigen kann, Ihr eigenes persönliches Wunder zu wirken. Schließlich sind es die einfachen Dinge des Lebens, die am stärksten und am wirkungsvollsten sind. Wenn Sie weiterhin diese Riten nach Ihrem besten Vermögen ausüben, werden Sie mehr als reichlich belohnt werden.

Es war höchst befriedigend zu sehen, wie jeder von Ihnen täglich Fortschritte machte", schloß der Colonel. "Für jetzt habe ich Sie alles gelehrt, was ich kann. Aber während die fünf Riten weiterhin ihre Arbeit tun, werden sie auch künftig Türen zu weiterem Lernen und Fortschritt öffnen. In der Zwischenzeit gibt es andere, die das Wissen benötigen, das ich Sie gelehrt habe, und es ist Zeit, daß ich mich auf den Weg zu ihnen mache."

Hier sagte der Colonel uns allen Lebewohl. Dieser außergewöhnliche Mann hatte sich einen ganz besonderen Platz in unseren Herzen errungen, und so tat es uns natürlich leid, ihn gehen zu sehen. Aber wir waren auch froh zu wissen, daß in Kürze andere an dem unschätzbaren Wissen teilhaben würden, das er uns so großzügig weitergegeben hatte. Wir schätzten uns wirklich glücklich. Denn in der gesamten Geschichte der Menschheit war bisher nur wenigen das Privileg zuteil geworden, das alte Geheimnis der "Quelle der Jugend" zu erfahren.

Anhang

Darf das alles wahr sein?
Zitate aus Leserbriefen – ein Querschnitt

Schon nach dem ersten Tag habe ich mich anders gefühlt. Jetzt mache ich die Übungen seit über drei Wochen. Ich sehe jünger aus und fühle mich jeden Tag lebendiger ...

Ich merke sofort, wie sich meine Energie und mein Wohlbefinden verändern. Alles läuft leichter für mich und bei meiner Arbeit werde ich nicht so schnell müde. Und das nur dann, wenn ich die Fünf "Tibeter" wirklich mache ...

Ich fühle mich nicht nur jünger, ich bekomme auch von Leuten, die mein Alter (73) kennen, zu hören, daß ich zwanzig Jahre jünger aussehe und auftrete. Mein Arzt ist 58 und schimpft, daß ich jünger aussehe als er, obwohl er regelmäßig Jogging macht. Ich empfehle dieses Buch jedem, der den Alterungsprozeß aufhalten möchte ...

Meine schwachen Gelenke sind kräftiger geworden und meine Körperhaltung hat sich verbessert ...

Durch die Fünf "Tibeter" werden meine Muskeln kräftiger und ich verliere Speckfalten. Es geht mir jetzt besser und ich denke, daß es bald noch besser wird. Ich kann dieses Buch nur jedem empfehlen ...

Infolge einer schweren Rückenverletzung war ich fünf Jahre lang arbeitsunfähig. Ich hatte so große Schmerzen, daß ich daran dachte, mir das Leben zu nehmen. Das war bevor ich Ihr Buch las. Inzwischen sind durch das Üben der Fünf "Tibeter" die Schmerzen zurückgegangen, ich kann wieder richtig gehen und habe sogar wieder Arbeit gefunden als Vorschullehrerin ...

Ich hatte ziemliche Probleme mit Kreuzschmerzen. Jetzt spüre ich nur noch ganz selten etwas davon ...

Seit mir die Fünf "Tibeter" gezeigt wurden, habe ich keinen Tag ausgelassen und in meinem ganzen Leben ist es mir noch nicht so gut gegangen ...

Ich spüre wie meine Verdauung besser wird. Auch mein Kopf fühlt sich klarer an. Ein großartiges Buch ...

Ich mache die Übungen jetzt seit drei Monaten und fühle mich jeden Tag jünger. Ich bin erst dreißig, deshalb sind die Veränderungen nicht so gewaltig wie bei Ihren älteren Lesern ...

Ich bin Yogalehrerin mit jahrelanger Erfahrung. In meinen Kursen bot ich ein Sonderprogramm mit den Fünf "Tibetern" (sie sind tatsächlich Yoga) an, das guten Zuspruch fand. Ich meine, diese Übungen sind für Menschen über fünfzig von großem Nutzen. Für mich sind sie eine gute Ergänzung zu meiner eigenen Yoga-Praxis ...

Mehrere Patienten, die ich auf Ihr Buch hingewiesen hatte, berichteten mir später begeistert von ihren Erfahrungen. Daraufhin fing ich an, diese fünf Riten selbst zu praktizieren. Das war vor drei Wochen. Nach neun Tagen spürte ich eine deutliche Steigerung meiner Kraft und Ausdauer. Ich konnte jetzt ohne jede Anstrengung schwere Gepäckstücke die Treppe hochtragen ...

Ich habe festgestellt, daß ich körperlich kräftiger geworden bin, und darüberhinaus, daß meine Augen besser sind, weil feuchter, wie es sonst nur mit Augentropfen möglich wäre ...

Die Haut an meinen Armen hat sich so gestrafft, daß keine Falte mehr zu sehen ist. Ich empfehle jedem diese Fünf "Tibeter". Machen Sie die Übungen unvoreingenommen, nichts weiter, und sehen Sie sich die Ergebnisse an ...

Ich erlebe zum ersten Mal, daß Erfahrungen anderer auch für mich stimmen ...

Jeder darf soviel Zweifel haben, wie er will. Mit der regelmäßigen Ausübung der Fünf "Tibeter" werden alle Zweifel schwinden ...

Ich fühle mich einfach herrlich danach. Ich habe richtig Schwung ...

Als ich anfing zu üben, dachte ich skeptisch, es kann ja nicht schaden. Heute würde ich jeden Satz des Herausgebers unterschreiben ...

Das Übungsprogramm ist kurz genug, daß ich es vor dem Frühstück machen kann ...

Nicht nur, daß sich meine Konzentrationsfähigkeit verbessert hat, auch den augenblicklichen Streß hier [in den neuen Bundesländern] kann ich nur dank der Übungen so gut verkraften ...

Ich war reif für diese Erfahrungen und bin dankbar, sie jetzt zu empfangen ...

Ich fühle mich ausgeglichener. Da ich gleichzeitig die Trennkost praktiziere, nehme ich ab und fühle mich gesund ...

Mein Körper möchte nicht mehr ohne die Übungen sein, und "irgendwie" werde ich täglich daran erinnert ...

Wie soviele Frauen und Mütter habe ich mich in meinem Alltag immer hinten angestellt. Kraft und Energie blieben auf der Strecke. Angst, Verzweiflung und psychosomatische Beschwerden wurden meine Wegbegleiter. Diese so faszinierend einfachen Übungen brachten mich zu meiner Kraft und Energie zurück. Ich bin lebensfreudig und kreativ geworden und empfinde mein Leben durch mich bereichert. So kann es weitergehen ...

Pulsschlag und Blutdruck haben sich vollkommen normalisiert. Der Körper wird wunderbar durchwärmt ...

Im Schulter- und Nackenbereich habe ich seit Jahren solche Verspannungen, daß ich nicht mehr auf der Seite schlafen konnte. Jetzt nach einigen Wochen regelmäßigen Übens sind die Schmerzen weg ...

Eine wunderbare Art, seine Jugend wiederzugewinnen ...

Ich fahre froh zur Arbeit, nehme zwei Stufen auf einmal und finde meinen im erschöpften und depressiven Sumpf verschütteten Humor wieder. Ich danke dem Himmel für dieses Geschenk ...

Hier ist das reinste "Fünf-Tibeter-Fieber" ausgebrochen ... Die Übungen sind leicht und in kurzer Zeit durchzuführen ...

Das Buch ist das beste, was ich den Menschen, die mir am Herzen liegen, zu ihrem Wohle geben kann ... Meine Allergien, Ödeme, Ekzeme sind verschwunden ...

Mein Leben ist farbiger und lichter geworden ...

Meine seit längerer Zeit anhaltenden Schlafstörungen sind so gut wie verschwunden und die Rückenschmerzen sind erheblich zurückgegangen ...

Es tut sehr gut ... Ich weiß zwar nicht genau, was passiert, auf jeden Fall steigert sich mein Wohl-Empfinden jeden Tag. Vielen Dank ...

Die Übungen sind einfach und wunderbar nachzuvollziehen. Für mich besonders wertvoll: Sie ersetzen mir bei täglicher Anwendung den bisherigen wöchentlichen Gang zur Krankengymnastik ...

Meine Vitalität ist wunderbar im Fließen, komme mit weniger Nahrung aus, fühle mich äußerst gesund und voller Aktivität. Nach vier Wochen regelmäßigen Übens begannen am Kopf Haare nachzuwachsen, wo vordem keine mehr waren. Mein Friseur konnte kaum fassen, welch "Wundermittel" ich wohl angewendet hatte. Nebenbei bemerkt: Den Jahren nach gemessen, zähle ich zu den sogenannten Senioren – aber zu den Junggebliebenen! ...

Der mysteriöse Hintergrund ist etwas für Romantiker. Die Übungen und die wirklich wunderschöne Musik helfen aber sicher auch wenig geübten Menschen zu Entspannung ...

Ende 1986 bin ich an Multipler Sklerose erkrankt und seit Anfang 1988 leide ich unter Gleichgewichts- und Gehstörungen. Diese haben sich seitdem so weit verschlechtert, daß ich keine fünf Minuten an einem Stück gehen kann.
Seit ca. drei Monaten mache ich nun die Fünf "Tibeter". Anfangs habe ich mit Mühe und Not jede Übung dreimal geschafft, mußte zwischendurch viele Pausen einlegen und mich hinterher lange erholen. Heute mache ich, bis auf die erste, alle Übungen 21mal. Ich benötige zwar weiterhin meine Verschnaufpausen zwischendurch, brauche aber wesentlich weniger Zeit als anfänglich für die drei Wiederholungen pro Ritus. Und nach der letzten Übung genügt etwa eine Minute, um mich zu erholen. Dies allein bedeutet eine enorme Steigerung für mich. Außerdem hat sich mein Gleichgewicht so verbessert, daß ich heute frei stehen kann, ohne mich abstützen zu müssen. Insgesamt bekomme ich langsam auch wieder mehr Muskeln. Und in letzter Zeit passiert es mir immer wieder, daß mich Freunde und Bekannte mit den Worten "Du siehst gut aus!" begrüßen. Ich bin so begeistert von den Fünf "Tibetern", daß ich schon mehrere Exemplare des Buches verschenkt habe ...

Die vorstehenden Zitate werden hier mit Zustimmung der Leser/innen veröffentlicht. Die Namen und Anschriften sind dem Verlag bekannt.

Das *neue* Geheimnis

Volksleiden Rückenschmerzen:
Krank im Kreuz*

Jeder dritte Deutsche klagt über Rückenschmerzen, das Leiden wurde zum häufigsten Grund für Klinikeinweisungen, Tag für Tag werden mehr als 100 Bandscheibenkranke operiert. Ärzte rätseln über die Ursache der "neuen Epidemie". Sitzen wir uns krank? Oder ist das deutsche Volk nur wehleidiger geworden?...

Dem "Haltesystem" des Menschen, ohnehin durch die Evolution labilisiert, fehlen zunehmend die notwendigen Trainingsreize wie sie Fußmärsche und körperliche Arbeit bedeuten: Die Muskeln werden immer schwächer, ermüden rasch und können das wacklige System Wirbelsäule nicht mehr geradehalten ...

Die ärztliche Vielgeschäftigkeit bei Rückenleiden – medizinisches Fachwort: "Polypragmasie" – sucht Arzt und Kranke mit den begrenzten Möglichkeiten der Hilfe zu versöhnen. Das ist bei Rückenschmerzen die erste Therapeutenpflicht; denn nicht nur die Leidenden rätseln über Ursache, Hilfsmaßnahmen und Verlauf, auch ihre weißbekittelten Helfer tappen im Dunkeln ...

Zu den Geheimnissen der modernen Epidemie des Rückenschmerzes muß auch ihre nationale und soziale Verteilung gerechnet werden: in den Ländern der Dritten Welt sind Bandscheibenvorfälle nahezu unbekannt, obwohl keiner der Experten hierfür einen anatomischen Grund anzugeben vermag ...

Von hundert Menschen, die irgendwann Rückenschmerzen spüren, suchen derzeit rund drei besonders Betroffene (oder besonders Vorsichtige) ärztlichen Rat. Die anderen verlassen sich auf Mutter Natur, auf die Spontanheilung oder den Tip eines medizinischen Laien ...

---

* DER SPIEGEL, Nr. 23, vom 3. Juni 1991 – Titelgeschichte. Die oben wörtlich zitierten Auszüge dürften auch für »Tibeter«-Übende hierzulande von Interesse sein – ein aktuell bleibender Anstoß, achtsam mit dem eigenen Körper und seinen Signalen umzugehen. Verlag und Herausgeber danken dem SPIEGEL für die Genehmigung zum Abdruck.

Faszination und praktisches Üben

von Dr. Birgit Petrick-Sedlmeier

*Die Autorin ist Yogalehrerin und Mitglied im Berufsverband Deutscher Yogalehrer (BDY) – bis August 1991 war sie auch im Vorstand. Die folgenden **ergänzenden Anleitungen** sind ihrem Beitrag in dem Band "Erfahrungen mit den Fünf»Tibetern«" entnommen.*

Die hier genannten Übungsvarianten und Hilfen tragen der Tatsache Rechnung, daß ein erheblicher Teil von Yoga-Schülerinnen und - Schülern unter zivilisationsbedingten Schäden leiden, was sich zum Beispiel als Schwäche des Rückens zeigt. Es liegt nahe, daß sich diese Beobachtung auf andere Menschen übertragen läßt (vergleiche dazu die SPIEGEL-Titelgeschichte "Volksleiden Rückenschmerzen: Krank im Kreuz", Nr. 23/1991); also auch auf diejenigen, die die »Tibeter« für sich als das ideale Energieprogramm entdecken.

*Dieser aktuelle Anhang macht das Üben vielleicht nicht einfacher. Doch er erweitert die Möglichkeiten in Richtung **sanfte Körpererfahrung**. Wer den Hinweisen folgt, kann leichter entscheiden, was für sie oder ihn dabei stimmt – und danach eine individuelle Übungsversion der Fünf»Tibeter« für sich ausrichten.*

Wie alles Üben braucht auch die Serie der Fünf »Tibeter« von Zeit zu Zeit die Kontrolle durch eine/n erfahrene/n Pädagogen/in. Denn auch eine auf den ersten Blick so "erfolgreiche" Serie birgt Gefahren für den Übenden, *wenn er mit ihr nicht richtig umzugehen weiß.* An erster Stelle sind hier Schilddrüsenprobleme zu nennen sowie Schwächen (Lordosen) im Nacken- und Lendenwirbelbereich, die verstärkt werden, wenn unphysiologisch bzw. nicht richtig geübt wird. Was heißt "richtig" in diesem Zusammenhang? Es heißt vor allem *angemessener Umgang mit sich selbst, das aufmerksame Beobachten des eigenen Übens, die Kenntnis der eigenen Möglichkeiten.* Da all dies sich dem Übenden erst allmählich im Laufe seiner Übungspraxis erschließt, ist es von großem Nutzen, wenn das dem Übenden in die Hand gegebene schriftliche Material mit größtmöglicher Präzision und ausreichender Ausführlichkeit die Übungsabfolge beschreibt und wenn nötig mehrere Alternativen zur Differenzierung anbietet, damit die Struktur einer Übung auch wirklich am eigenen Leib erfahren werden kann.

Was bedeutet nun die Forderung nach stärkerer Konkretisierung, Präzisierung und Differenzierung für die einzelnen Übungen der »Tibeter«? Sehen wir uns an, was hier ergänzend festzustellen ist:

Erster »Tibeter«

Weniger das Drehen selbst, also die eigentliche Übung, sondern das Beenden der Übung ist erfahrungsgemäß ein Problem und bedarf deshalb einer Hinführung, zum Beispiel folgendermaßen: Will man das Drehen beenden, bleibt man mit leicht geöffneten Füßen stehen, bringt dabei die Handflächen vor dem Körper (in Brustbeinhöhe) zueinander und schaut auf die Daumen. Dies hilft dabei, wieder ins Gleichgewicht zu kommen.

Zweiter »Tibeter«

Der häufigste Fehler bei dieser Übung ist das Heben der Beine und zugleich des *unteren Rückens.* Dies schwächt den Rücken. Es ist also darauf zu achten, daß *der ganze Rücken am Boden* bleibt und *nur die Beine* gehoben werden. Hilfreich ist es, wenn der Impuls dazu von den Fersen ausgeht, wenn man also die Fersen wegschiebt; die Zehen bewegen sich dabei Richtung Schienbein. Diese Ausgangsstellung aktiviert die Strecker der Beine. Eine weitere Hilfe für das Heben der Beine sind die Hände. Wenn man *sie unter das Gesäß* legt, fällt es leichter, die Beine vom Boden in die Senkrechte zu bringen. *Wer unter einem starken Hohlkreuz (Lordose) leidet, sollte unbedingt die Füße zuerst aufstellen und von da aus die Beine heben. In diesem Fall sollte man die Beine auch keinesfalls gestreckt ablegen, sondern wieder erst die Füße am Boden aufstellen, bevor man sie dann abrutschen läßt.*

Dritter »Tibeter«

Im Kniestand müssen die Zehen aufgestellt werden; die Abbildung zeigt dies zwar, aber viele Übende achten nicht darauf und geraten so noch stärker in die Gefahr, die Rückbeuge aus dem Lendenbereich heraus auszuführen – bei den meisten ohnehin die schwächste und am meisten gefährdete Partie – und nicht aus dem Brustwirbelbereich. *Das Anspannen der Gesäßmuskeln wirkt hierbei einer Schwächung der Lendenwirbelsäule entgegen.* Ich empfehle eine andere Handhaltung als die auf S. 37 gezeigte: Um das Abknicken ins Hohlkreuz zu vermeiden, stützt man die Hände rechts und links am Beckenkamm ab (d. h. hinten am oberen Beckenrand), die Fingerspitzen zeigen nach unten. Diese Position bereitet besser auf die Rückbeuge vor, da sich jetzt bereits die Schulterblätter einander nähern und sich damit der Brustbereich öffnet.

Nach meiner Erfahrung bereitet diese Übung besondere Schwierigkeiten wegen des wiederholten Vor- und Rückbeugens der Nackenwirbelsäule – ebenfalls ein Bereich, der zu schmerzhafter Lordose neigt. Unbedingt ist deshalb darauf zu achten, daß *vor dem Senken des Kopfes nach vorn der Nacken in der Aufrichtung gedehnt wird. Dann erst – unter Führung des Kinns – den Kopf ein wenig senken, um ihn dann – ebenfalls unter Führung des Kinns – sehr behutsam mit in die Rückbeuge hineinzunehmen.*

(Um den für Sie angemessenen Neigungsgrad des Kopfes nach hinten herauszufinden, machen Sie folgenden Test: Legen Sie eine Hand in den Nacken, und neigen Sie den Kopf nach hinten. Wenn Sie jetzt die Hand wegziehen, sollten Sie Ihren Kopf nicht weiter nach hinten sinken lassen).

Eine Ausgleichübung im Anschluß an die letzte Wiederholung dieser Übung:

Vierter »Tibeter«

Ausgangspunkt für den vierten »Tibeter« muß die Aufrichtung und Dehnung der Wirbelsäule sein. Dazu dienen die aufgestellten Hände, mit denen man sich wirklich abstützen sollte, um vollkommen aufgerichtet zu sitzen. *Auch hier muß das Senken des Kopfes über die vorherige Dehnung des Nackens erfolgen.*

Um zu vermeiden, daß sich die Beine beugen bzw. gebeugt herangezogen werden bevor man den Rumpf gehoben hat, muß die Hebebewegung des Rumpfes vom Becken bzw. vom unteren Rücken ausgehen – das heißt, man schiebt das Becken nach vorn in Richtung der Füße. Beim Ausatmen setzt man sich dann wieder zwischen die Hände und richtet die Wirbelsäule auf.

Eine Ausgleichübung im Anschluß an die letzte Wiederholung dieser Übung:

80

Fünfter »Tibeter«

Den fünften »Tibeter« beginnt man am besten aus der Bauch-
lage, um den passenden Abstand zwischen Händen und Füßen
zu haben. Man stellt die Hände neben den Brustkorb auf, die
Zehen sind aufgestellt, und stemmt sich mit Hilfe der Arme aus
der Kraft des Rückens in die Ausatmen-Stellung. *Dabei werden
die Gesäßmuskeln angespannt, um einer Schwächung der
Lendenwirbelsäule engegenzuwirken.* Beim Einatmen hebt man
das Gesäß und kommt in die Position "umgedrehtes V", indem
man das Gesäß nach oben und gleichzeitig nach hinten bewegt.
Dies erzeugt die gewünschte Dehnung im Lendenbereich.

   Diese Übung sollte unbedingt *barfuß auf völlig rutschfe-
stem Untergrund* praktiziert werden (möglichst auf einem Holz-
oder Steinfußboden). Übt man nämlich auf einem Teppich, hat
der Körper soviel damit zu tun, in der Balance zu bleiben, daß
die Kraft für längeres Üben schnell und an falscher Stelle ver-
braucht ist.

Eine Ausgleichübung im
Anschluß an die letzte
Wiederholung dieser Übung:

Affirmationen lenken die Energie

von *Maruschi Magyarosy* und *Volker R. Karrer*

Ganz hinten in unserem Kopf läuft unentwegt ein Dialog ab. Nicht zu Ende gedachte Gedanken, auch die von anderen, inszenieren da ein Werbespektakel knapp an der Hörgrenze des inneren Ohrs. Was die Gedanken, stellvertretend für uns, wiederkäuend behaupten, ist nicht unbedingt in unserem Interesse. Sie sagen uns – perfiderweise in der Ich-Form –, daß es uns schlecht geht, daß wir es nicht schaffen, daß wir blöde, nicht schön, unwürdig, daneben, noch nicht so weit, nicht gut genug oder krank sind, daß unsere Erfolge Zufall sind und Glück nicht lange hält. Mal ehrlich: glauben Sie an all den Unsinn in Ihrem "Hinterkopf"?

Interessant ist, daß diese nicht oder halb wahrgenommenen Gedankenmuster *die Richtung unseres Lebens* bestimmen. Sie bewirken, daß wir uns immer wieder wundern – über immer wieder dieselben Dinge, die uns "passieren". Eine alte Weisheit besagt, daß der Geist die Materie erschafft oder die Materie dem folgt, was der Geist vorgibt ("matter follows mind"). Bevor Sie die Fünf »Tibeter« entdeckten, war Ihr Geist schon bereit für diese Chance. Wie wollen Sie nun die Energie nutzen, die Sie durch das Üben der »Tibeter« nach und nach freisetzen?

Gedanken sind Energie. Bewußte Gedanken sind *gerichtete Energie.* Affirmationen sind bewußte Gedanken, die auf positive, inspirierende und befreiende Wirkung zielen. Mit Affirmationen *lenken* Sie die freigesetzte Energie. Mit anderen Worten: Sie entlasten Ihren (Hinter)Kopf und bestimmen *selbst*, wohin die Reise geht ...

Auf den folgenden Seiten finden Sie eine Auswahl von Affirmationen, die ich in meiner Arbeit einsetze. Die gleiche Zusammenstellung ist, zusammen mit Musik, auf den »Tibeter«-Cassetten zu hören. [Cassetten-Seite 3, Die Fünf »Tibeter« – Audio-Set bzw. Medien-Set, überarbeitete Fassung, Wessobrunn 1991, Integral Verlag]. Wählen Sie daraus diejenigen, die Ihrer jeweiligen Situation und Ihren Bedürfnissen besonders entsprechen. Entwickeln Sie Ihre eigenen Affirmationen (Verneinungen vermeiden! Formulieren Sie Ihre Zielvorstellung positiv, als bereits erfüllten Wunsch!). Sie können Affirmationen auch auf Band sprechen und diese hören, während Sie in der Wohnung sind, Auto fahren usw. Auch das Niederschreiben von Affirmationen ist sehr wirksam – auf den Spiegel oder ein Blatt, das dann gut sichtbar an der Wand hängt. Lassen Sie sich inspirieren! – *Maruschi Magyarosy*

Zum Ersten »Tibeter«

Ich atme tief, ruhig und entspannt
Ich bin Leichtigkeit, Licht, Liebe, Lachen ...
Ich bewege mich jederzeit bewußt

Jeder Atemzug gibt mir neue Energie
Ich bin strahlende Lebenskraft
Ich bin in jedem Augenblick Schöpfer/in meines Lebens

Mein Verstand und mein Herz sind im Gleichgewicht
Meine Energie fließt frei und offen
Ich empfinde meinen Körper als harmonisches Ganzes

Ich lasse mich atmen
Mein Körper wird leichter und leichter
Im Atmen verbinde ich Körper, Geist und Seele

Ich erlaube meinem Atem, seinen natürlichen Rhythmus zu finden
Ich löse mich von allem Negativen
Ich vertraue der Weisheit meines Körpers

Meine Bewegungen folgen meinem Atem
Ich überlasse mich dem Fluß des Lebens
Ich bin immer zur richtigen Zeit am richtigen Ort und tue mit
Erfolg genau das Richtige

Zum Zweiten »Tibeter«

Ich atme tief, ruhig und entspannt
Ich lebe bewußt aus meiner Mitte
Ich bewege mich jederzeit bewußt

Jeder Atemzug gibt mir neue Energie
Ich fühle mich mit meinem Körper verbunden
Ich bin in jedem Augenblick Schöpfer/in meines Lebens

Mein Verstand und mein Herz sind im Gleichgewicht
Ich achte auf die Botschaften meines Körpers
Ich empfinde meinen Körper als harmonisches Ganzes

Ich lasse mich atmen
Ich habe jede Menge Zeit für die wesentlichen Dinge in meinem Leben
Im Atmen verbinde ich Körper, Geist und Seele

Ich erlaube meinem Atem, seinen natürlichen Rhythmus zu finden
Meine Innenwelt und meine Außenwelt sind im Gleichgewicht
Ich vertraue der Weisheit meines Körpers

Meine Bewegungen folgen meinem Atem
Ich bin offen für die Wahrnehmung meiner tiefen Bedürfnisse
Ich bin immer zur richtigen Zeit am richtigen Ort und tue mit Erfolg genau das Richtige

Zum Dritten »Tibeter«

Ich atme tief, ruhig und entspannt
Ich öffne mich der Schönheit des Lebens
Ich bewege mich jederzeit bewußt

Jeder Atemzug gibt mir neue Energie
Grenzenlose Energie strömt durch meinen Körper
Ich bin in jedem Augenblick Schöpfer/in meines Lebens

Mein Verstand und mein Herz sind im Gleichgewicht
Ich öffne mich meiner eigenen Schönheit
Ich empfinde meinen Körper als harmonisches Ganzes

Ich lasse mich atmen
Ich fühle mich mit Himmel und Erde verbunden
Im Atmen verbinde ich Körper, Geist und Seele

Ich erlaube meinem Atem, seinen natürlichen Rhythmus zu finden
Mein Mut und meine Ausdauer wachsen von Tag zu Tag
Ich vertraue der Weisheit meines Körpers

Meine Bewegungen folgen meinem Atem
Ich stelle mich den Herausforderungen in meinem Leben
Ich bin immer zur richtigen Zeit am richtigen Ort und tue mit
Erfolg genau das Richtige

Zum Vierten »Tibeter«

Ich atme tief, ruhig und entspannt
Ich drücke mein Bewußtsein über meinen Körper aus
Ich bewege mich jederzeit bewußt

Jeder Atemzug gibt mir neue Energie
Energie belebt meinen Körper bis in jede Zelle
Ich bin in jedem Augenblick Schöpfer/in meines Lebens

Mein Verstand und mein Herz sind im Gleichgewicht
*Ich erlaube meinem Körper, dem Rhythmus von Ebbe
und Flut zu folgen*
Ich empfinde meinen Körper als harmonisches Ganzes

Ich lasse mich atmen
Mein Wissen und mein Handeln sind im Gleichgewicht
Im Atmen verbinde ich Körper, Geist und Seele

Ich erlaube meinem Atem, seinen natürlichen Rhythmus zu finden
Ich bin kraftvoll und lebendig
Ich vertraue der Weisheit meines Körpers

Meine Bewegungen folgen meinem Atem
*Jedes Mal, wenn ich das Leben genieße, mache ich der
Welt und mir selbst ein Geschenk*
Ich bin immer zur richtigen Zeit am richtigen Ort und tue mit
Erfolg genau das Richtige

Zum Fünften »Tibeter«

Ich atme tief, ruhig und entspannt
Ich bin körperlich und geistig flexibel
Ich bewege mich jederzeit bewußt

Jeder Atemzug gibt mir neue Energie
Ich bin im Fluß mit dem Rhythmus meines Körpers
Ich bin in jedem Augenblick Schöpfer/in meines Lebens

Mein Verstand und mein Herz sind im Gleichgewicht
Mein Körper ist schön und geschmeidig
Ich empfinde meinen Körper als harmonisches Ganzes

Ich lasse mich atmen
Ich spüre und genieße meine Vitalität
Im Atmen verbinde ich Körper, Geist und Seele

Ich erlaube meinem Atem, seinen natürlichen Rhythmus zu finden
Ich bin und bleibe jung und dynamisch
Ich vertraue der Weisheit meines Körpers

Meine Bewegungen folgen meinem Atem
Ich konzentriere mich jetzt auf das Wesentliche in meinem Leben
Ich bin immer zur richtigen Zeit am richtigen Ort und tue mit Erfolg genau das Richtige

Ein heilsames Abschluß-Ritual

von *Stephan Kugel*

Leben ist Aufrichtung – Aufrichtung zur Aufrichtigkeit, von der Erde zum Himmel, von Dunkelheit zu Licht, von Yin zu Yang. Der Mensch ist mit einer Aufgabe auf die Erde gekommen: die Erde zu transformieren – von hart zu weich, von weich zu flüssig, von flüssig zu gasförmig, von gasförmig zu Licht. Es geht dabei immer um den Schritt vom Unbewußtsein zum Bewußtwerden…

Die Übungen der Fünf »Tibeter« schaffen ein energetisches Klima, das zur Offenheit führt. Für mich sind sie tatsächlich Karma-Beschleuniger. Während ich die Fünf »Tibeter« mache, gebe ich *durch das körperliche Üben* meinen Chakren eine „Reinigungs-Energie" von 24500 Biometer-Einheiten (das Rutenmaß nach Bovis). Das ist keine „wissenschaftliche", aber eine in höchstem Maß *empirische* Größe: die höchste Ebene, die ein Mensch reiflich in seinem Energiekörper, also im Leben erreichen kann.

Beim Üben der »Tibeter« wird letztlich die individuelle Seelen-energie immer ein wenig angehoben. Dabei tritt Karma in das Bewußtsein, was den Reifungsprozeß von Körper, Seele und Geist beschleunigt. Je intensiver dies geschieht, desto wichtiger ist es, sich zum Abschluß energetisch zu reinigen.

Das folgende Ritual der Wasserreinigung habe ich vielen Ärzten, Masseuren und Menschen gezeigt, die andere behandeln. Es ist eine Methode, die dabei hilft, frei und offen zu werden.

Wer über längere Zeit die Fünf »Tibeter« praktiziert, kann gelegentlich feststellen, daß in ihm einiges geschieht: mit dem Energiezuwachs klären sich „unaufgeräumte" Dinge im Leben. Das wirkt befreiend. Zuvor gibt es jedoch noch einiges anzuschauen – was zunächst nicht leicht fallen mag. Wenn in einer solchen Entwicklung ungewohnte Gefühle hochkommen, so ist dies durchaus ein positives Zeichen. Und – es gibt eine Methode, die diesen größeren Heilungsprozeß unterstützt und erleichtert.
Stephan Kugel ist gelernter Tischler, Musiklehrer und – seit vielen Jahren – Rutengänger. Er realisiert als Handwerker Heilräume für Arztpraxen, Massageräume u. a. Außerdem gibt er Seminare über Radiästhesie und Energiearbeit. Die von ihm verwendete Wasserreinigung zur Klärung des menschlichen Energiekörpers geht auf ein im Orient verbreitetes Ritual zurück, das unter dem Namen „wüdü" bekannt ist. Zum Sinn dieser Reinigung und ihrer Wirkweise schrieb Stephan Kugel den oben auszugsweise abgedruckten Beitrag.

Die Wasserreinigung

1. Begeben Sie sich in ein Gefühl der Demut und Offenheit.

2. Lassen Sie Wasser aus dem Hahn fließen und benetzen Sie sich damit:
   a. 3 x – die rechte Hand streicht Wasser über die linke
      3 x – die linke Hand streicht Wasser über die rechte
   b. 3 x – den Mund ausspülen, dabei mit der rechten Hand das Wasser zum Mund, mit der linken Hand den Mund abwischen
   c. 3 x – Wasser die Nase hochziehen und ausblasen, dabei mit der rechten Hand das Wasser zur Nase, mit der linken Hand abtrocknen
   d. 3 x – das Gesicht mit beiden Händen benetzen
   e. 3 x – über den rechten Unterarm bis zum Ellbogen streichen
      3 x – über den linken Unterarm bis zum Ellbogen streichen
   f. 1 x – mit beiden Händen über die Haare streichen
   g. 3 x – Schläfen, Hals und Ohren mit beiden Händen benetzen
   h. 3 x – linke Hand streicht den rechten Fuß hoch bis über den Knöchel
      3 x – rechte Hand streicht den linken Fuß hoch bis über den Knöchel

3. Einige Momente der Stille in Dankbarkeit.

Sollten Sie gerade kein Wasser in erreichbarer Nähe haben, nehmen Sie einfach „Licht", d. h. Sie visualisieren (stellen sich in deutlichen inneren Bilder vor), wie Sie den ganzen Vorgang mit Licht durchführen.

Dies ist eine vollständige Reinigung des Energiekörpers und ist deshalb am Morgen und am Abend oder bei aufkommenden Streßgefühl sehr heilsam. Empfehlenswert ist sie nach den »Tibetern« und nach einer radiästhetischen oder energetischen Arbeit. Macht man diese Reinigung nach dem Aufwachen, vor allem die der Nase, ist man sofort wach…

Literaturhinweise

zu Tibet und tibetischer Buddhismus; alterslose Lebensenergie, Körperbewußtsein, Atem;
vitale Ernährung; Vision und Praxis...

Anderson, Walt: Das offene Geheimnis.
Der tibetische Buddhismus als Religion und
Psychologie (Goldmann)
Avalon, Arthur: Schlangenkraft – Die Entfal-
tung schöpferischer Kräfte (Scherz/Barth)
Avalon, Arthur: Shakti und Shakta. Lehre und
Ritual der Tantras (Scherz/Barth)
Bachhofer, Joss: Verrückte Weisheit. Leben
und Lehre Milarepas (Windpferd)
Bagiski, Bodo und Shalila Sharamon: Das Chakra-Handbuch (Windpferd)
Baumann, Bruno: Die Götter werden siegen (Herbig)
Blofeld, John: Mantra – Die Macht des heiligen Lautes (Scherz/Barth)
Brückner, Gernot und Dorothea: Gespräche mit dem Unbekannten (itv Verlag, auch
Cassetten-Version – und Rowohlt)
Bruyere, Rosalyn L.: Chakras – Räder des Lichts (Synthesis)
Chia, Mantak: Der mikrokosmische Energiekreislauf. Die sechs heilenden Laute und das
innere Lächeln (Aviva-Verlag)
Chia, Mantak: Tao Yoga (Ansata)
Chopra, Dr. Deepak: Die Körperseele – Grundlagen und praktische Übungen der
Clerc, Roger: Grundlagen des Yoga der Energie (Via Nova)
Ayurveda-Medizin (Lübbe)
Dalai, Lama: Logik der Liebe (Goldmann)
David-Neel, Alexandra: Liebeszauber und schwarze Magie-Abenteuer in Tibet (Sphinx)
Diamond, Harvey und Marilyn: Fit fürs Leben, Teil I + II (Waldthausen und Goldmann)
Dychtwald, Ken: Körperbewußtsein (Synthesis)
Erffa, Wolfgang von: Das unbeugsame Tibet (Verlag A. Fromm)
Evans-Yentz, W.Y.: Cuchama – Heilige Berge der Welt (Sphinx)
Evans-Yentz, W.Y.: Milarepa – Tibets großer Yogi (Scherz/Barth)
Fisch, Guido: Chinesische Heilkunde in unserer Ernährung (Synthesis)
Gillessen, Wolfgang und Brigitte (Hrsg.): Erfahrungen mit den »Fünf« Tibetern (Integral)
Gillesssen, Brigitte: Blockaden sanft lösen – Die Kunst der Hara-Massage (Knaur)
Govidan, M.: Babaji and the 18 Siddha [immortals of the] Kriya Yoga Tradition
(Kriya Yoga Publications, 165 de LaGauchetière St. West, Suite 608, Montreal,
Quebec/Canada H2Z 1X6)
Govinda, Lama Anagarika: Der Weg der weißen Wolken (Knaur)
Griebl, Günter: Die Schwingen der Freiheit (Rowohlt)
Griscom, Chris: Der Quell des Lebens (Goldmann)
Griscom, Chris: Die Frequenz der Ekstase (Goldmann)
Grof, Stanislav und Christina: Spirituelle Krisen – Chancen der Selbstfindung (Kösel)
Grof, Stanislav und Christina: Die stürmische Suche nach dem Selbst – Praktische Hilfe
für spirituelle Krisen*) (Kösel, 1991)
Hackl, Monnica: Hui Chun Gong – Die Verjüngungsübungen der chinesischen Kaiser
(Hugendubel/Irisiana)
Haich, Elisabeth: Sexuelle Kraft und Yoga (Drei Eichen)

---

* In diesem Band ist auch die deutsche Kontaktadresse des „Spiritual Emergency Network"
angegeben, auf das wir in den früheren Auflagen der Fünf »*Tibeter*« hingewiesen haben:
Dr. Ingo Jahrsetz, Im Maierbühl 41, D-79112 Freiburg/Pringen, Telefon (0 76 64) 5 98 50.

Hariharananda, Swami: Kriya Yoga (Hugendubel)
Hay, Dr. und Dr. Walb: Die Hay'sche Trennkost (Haug)
Hicks, Roger und Ngakpa Chögyam: Weiter Ozean – Der Dalai Lama (Synthesis)
Hilton, James: Der verlorene Horizont (früher: Irgendwo in Tibet) (Fischer-Taschenbuch)
Hobert, Dr. med. Ingfried: Gesundheit selbst gestalten (Integral)
Khema, Ayya: Morgenröte im Abendland – Buddhistische Meditationspraxis für westliche
Menschen (O.W. Barth)
Kilham, Christopher Scott: Lebendige Sexualität – Fit for Love (Integral)
Kirschner, M.J.: Die Kunst sich selbst zu verjüngen – Yoga für tätige Menschen
(Agis Verlag, Baden-Baden)
Kushi, Michio: Das DO-IN-Buch (Bruno Martin)
Leary, Timothy: Info-Psychologie (früher: Exo-Psychologie) (Sphinx)
Leibowitz, Judith und Bill Connington: Die Alexander-Technik (Scherz)
Leonard, George: Der längere Atem (Integral)
Magyarosy, Maruschi: Dalai Lama - Botschaft des Friedens (Param)
Magyarosy, Maruschi: Das »Surya Namaskar«-Rezept (Laredo)
Mann, John und Lar Short: Der feinstoffliche Körper (Windpferd)
Martens, Annalisa: Lösungs- und Atemtherapie von Alice Schaarschuch (Haag + Herchen)
McLean, Penny: Adeline und die vierte Dimension (Erd)
Mielke, Thomas R.P.: Gilgamesch, König von Uruk (Schneekluth und Rowohlt)
Milz, Helmut: Der wiederentdeckte Körper (Artemis & Winkler)
Moacanin, Radmila: Archetypische Symbole und tantrische Geheimlehren – Der tibe-
tische Buddhismus im Licht der Psychologie C.G. Jungs (Ansata)
Neutzler, Wolfgang und Ursula Schubert: Fasten und Essen (Erd)
Nomachi, Kazuyoshi: Tiet (Bildband) (Frederking + Thaler)
Norbu, Namkhai: Yantra Yoga (Edition Tsaparang)
Orr, Leonard und Kontad Halbig: Bewußtes Atmen – Rebirthing (Goldmann)
Orr, Leonard und Konrad Halbig: Für die Ewigkeit geboren (Goldmann)
Pierrakos, John: Core Energetik – Das Zentrum deiner Energie (Synthesis)
Robbins, Tom: PanAroma – Jitterburg Perfume (Rowohlt)
Saint Germain: 33 Reden, 2 Bände (Saint Germain-Verlag, Höhr-Grenzhausen)
Sannella, Lee: Kundalini-Erfahrung & die neuen Wissenschaften (Synthesis)
Satprem: Der kommende Atem (Daimon)
Satprem: Der Sonnenweg zum großen Selbst (Rowohlt)
Satprem: Mutters Agenda, Bd. I, 1951–1960 (Inst. de Recherches évolutionnaires, Paris)
Schaarschuch, Alice: Der atmende Mensch (Turm)
Schäfer, Ernst: Das Fest der weißen Schleier – Begegnungen mit Menschen, Mönchen und
Magiern in Tibet (Windpferd)
Schillings, Astrid und Petra Hinterthür: Der fliegende Kranich – Qi Gong (Windpferd)
Schmidt, Felix: Der Eremit (Reichl)
Schmitt, Johannes L.: Atemheilkunst (H.G. Müller, Bern)
Schroeder, Burkhard: Atem-Ekstase (Buch sowie Atem-Cassette, Synthesis)
Sieczka, Helmut G.: Bodywork – Körper- und Atemübungen (Oesch/Hübner, Goldmann)
Sieczka, Helmut G.: Chakra – Energie und Harmonie durch den Atem (Oesch)
Sitchin, Zecharia: Und die Ananuti schufen den Menschen (Bettendorf)
Spalding, Baird T.: Leben und Lehren der Meister im Fernen Osten. (Drei Eichen)
Taring, Rintschen Dölma: Ich bin eine Tochter Tibets (Scherz)
Tipler, Frank J.: Die Physik der Unsterblichkeit (Piper und dtv)
Trager, Milton: Meditation und Bewegung (Sphinx)
Weise, D. und Jenny Frederiksen: Die Fünf »Tibeter«-Feinschmecker-Küche (Integral)
Weise, Devanando: Harmonische Ernährung (Tabula Smaragdina und Goldmann)
Weise, Devanando: Zur eigenen Kraft finden – Harmonisch leben und essen mit den vier
Elementen und Ayurveda (Tabula Smaragdina)
Wigmore, Ann: Lebendige Nahrung ist die beste Medizin (Knaur)
Wolf, Fred Alan: Körper, Geist und Neue Physik (Scherz)

»Tibeter«-Kurse/Seminare

Die vollständigen Anschriften erhalten Sie auf schriftliche Anfrage vom LeserInnen-Service. (Bitte einen mit DM 2,– frankierten und adressierten Rückumschlag beilegen.)

Sigrid Kaiser, 14195 Berlin

Gudrun Sanders, 22143 Hamburg

Barbara Simonsohn, 22607 Hamburg

Gerhard Hackenberg, 22926 Ahrensburg

Meditationszentrum Bähr, 25704 Meldorf

Susanne Steyer-Werner, 25856 Hattstedt

Reni Fröhlich, 34134 Kassel

Gerhard Büttner, 36041 Fulda

Gabriele Haase, 40883 Ratingen

Christa Kuntze, 42349 Wuppertal

Priv. Lehrstätte für Entspannungs-
   verfahren C. und D. Murawski,
   42899 Remscheid-Lüttringhausen

Centrum für angewandte Entspannungs-
   techniken. Frank Kazuschke,
   45966 Gladbeck

Maria Magdalena Johennecken,
   48488 Emsbüren

SKR Studien-Kontakt-Reisen,
   52177 Bonn, Bad Godesberg

Beate Chruscz-Grett, 54550 Daun

Schule für Fitneß und Ernährung,
   63667 Bad Salzhausen

Alexander Friedrich,
   63679 Schotten/Burkhards

Brigitte Schiechel, 64293 Darmstadt

mein FreiRaum, Karin Lackmann,
   64839 Münster

Renate M. Weil, 65187 Wiesbaden

Horst Pinkel, 66128 Gersweiler

Resonanz-Zentrum, Ursula Schubert und
   Wolfgang Neutzler, 68161 Mannheim

Theresia Breier, 69509 Mörlenbach

Sigrun Paul, 70709 Fellbach

Dr. Werner J. Dobner, 71149 Bondorf

Ralf Robert Schweikart, 76872 Minfeld

Marianne Breuer, 78479 Insel Reichenau

Hannelore Kremer, 79713 Bad Säckingen

Bettina Hoffmann, 79822 Titisee-Neustadt

Monika Krug, 80639 München

Carlos Liebetruth, 80801 München

Inka Jochum, Gesundheitszentrum
   Schwabing, 80804 München
   (Tel. 089 / 3 68 98 04;
   keine schriftlichen Anfragen)

Uschi Ploner, 80804 München

Dr. Birgit Petrick, 81371 München

Brigitte Gillessen, 81377 München
   (Tel. 089 / 714 08 14;
   keine schriftlichen Anfragen)

Penny McLean, 81675 München

Maruscha Magyarosy (Institut für
   »innerFitness«), 81925 München

Matthias Möller, 86152 Augsburg

Institut für Gesundheit und Bewußtsein,
   Uschi Eickmann und Peter Graule,
   86720 Nördlingen

Oliver Junker, 86916 Kaufering

Helmut Pfaus, 87700 Memmingen

Konrad Gruber, Seminare für positive
   Lebensweise, 93107 Thalmassing

Michael Hentschel, 94161 Ruderting

Dieter Schmitt, 97082 Würzburg

In-Joy, Frau Koren, A-1010 Wien

Helga und Stephan Kugel,
   A-3521 Untermeisling, auch Vorträge und
   PR-Veranstaltungen nach Absprache

Tassilo Gesundheitszentrum,
   Barbara Müllner, A-4540 Bad Hall

Waltraut Lang-Schwarz, A-5084 Großgmain

Esther Blessing, CH-8610 Greifensee

Hermann Kaufmann,
   CH-8909 Zwillikon/Affoltern

Josefine Sieber, CH-9443 Widnau

A. Lanz, FL-9490 Vaduz

Dr. M. Masika, Nyali Physiotherapy Clinic,
   Mombasa/Kenia

»Tibeter«-Ausbildungskurse: Seit September 1995 finden in Zusammenarbeit mit dem Frankfurter Ring e.V. Ausbildungskurse für Interessenten statt, die die Fünf »Tibeter« in Kursen und Seminaren weitergeben möchten.
Kontakt: Frankfurter Ring e.V., Kobbachstr. 12, 60433 Frankfurt, Tel. 069 / 51 15 55.
Ausbildungskurse bieten ebenfalls an:
Privat-Institut-Junker, 61287 Bad Homburg v.d.H., Tel. 0 60 81 / 6 63 20.
Maruscha Magyarosy (Institut für »innerFitness«), 81925 München, Tel./Fax 089 / 9 57 81 20

DĀNA e. V. Gemeinnützige Gesellschaft
zur Erhaltung tibetischer Kultur und Medizin

Rheinstraße 5, 80803 München,
Telefon 0 89 / 3 61 74 90

DĀNA (Sanskrit) heißt: Freudiges Geben. Unter diesem Motto haben wir – fünf Frauen, vier Männer – im November 1984 in München die Gesellschaft zur Erhaltung tibetischer Kultur und Medizin gegründet.

Die DĀNA will den 120 000 Exiltibetern, die über ganz Nord- und Südindien verteilt in über 40 Lagern leben, helfen. Die Hilfe zur Selbsthilfe trägt dazu bei, neue Existenzgrundlagen zu schaffen und die tibetische Kultur und Medizin zu erhalten. Schwerpunkte: Tibetan Medical Institute Dharamsala (Sitz S. H. Der 14. Dalai Lama) und das Studienzentrum Rajpur-Dehradun.

Sie können bei Ihrer Überweisung bestimmen für welchen Zweck (Hilfsprogramm „Tibetische Medizin", „Tibetische Studienzentren", „Humanitäre Hilfe") Ihre Spende verwendet werden soll. Ihre Spenden werden mindestens einmal im Jahr von DĀNA-Mitgliedern persönlich und auf eigene Kosten überbracht. Auch anfallende Verwaltungskosten werden von den Gründungsmitgliedern persönlich getragen. So wird sichergestellt, daß jede gespendete Mark direkt den Exiltibetern zugute kommt…

Die DĀNA führt Veranstaltungen im Münchner Raum durch, bei denen Mitglieder über die Fortschritte der von DĀNA geförderten Projekte berichten oder in Vorträgen und Lichtbildervorträgen über Tibet und seine Kultur informieren. Wir halten Sie gern über unsere Aktivitäten auf dem Laufenden.

Die Tibeter brauchen unsere Hilfe!

Alle Spenden, auch kleine Beträge, sind herzlich willkommen. Wer regelmäßig helfen möchte, kann für einen Jahresbeitrag von 120,– DM Mitglied bei der DĀNA werden. Alle Spenden sind abzugsfähig.

Bitte überweisen Sie Ihre Spende mit deutlich geschriebener Absenderangabe auf folgendes Konto: Commerzbank München, Kto.-Nr. 4 197 000, BLZ 700 400 41. Für alle weiteren Fragen stehen wir Ihnen gern zur Verfügung.

INTEGRAL im
http://www.geist.
spacenet.de
INTERNET

Die Welt der

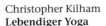Lassen Sie sich von uns einladen in die Welt von Gesundheit und Lebensfreude. Lassen Sie sich einladen in die Welt der Fünf »Tibeter«.

Peter Kelder
Die Fünf »Tibeter«
Das alte Geheimnis aus den Hochtälern des Himalaja läßt Sie Berge versetzen
DM 19,80 / öS 147,00 / sFr 19,00

Das Original! 900 000 Tibeter-Enthusiasten im deutschsprachigen Raum können sich einfach nicht irren.

Christopher Kilham
Lebendiger Yoga
Das Profi-Buch zu den Fünf »Tibetern« von Peter Kelder
DM 19,80 / öS 147,00 / sFr 19,00

Die Fünf »Tibeter« für Fortgeschrittene, Profis und Enthusiasten. Yogalehrer Kilham praktiziert die Übungen seit 20 Jahren und läßt den Leser an seinen umfangreichen Erfahrungen teilhaben. Auch der sechste »Tibeter« wird ausführlich dargestellt und in seiner erstaunlichen Wirkung auf die Sexualkraft beschrieben.

Wolfgang und Brigitte Gillessen (Hrsg.)
Erfahrungen mit den Fünf »Tibetern«
Neue Einblicke in das alte Geheimnis
DM 26,80 / öS 198,00 / sFr 25,00

Der Nachfolgeband zum Original, der sich der Erforschung des »Tibeter«-Phänomens widmet, ist inzwischen längst selbst zum Bestseller geworden. Wer nicht alle Erfahrungen selbst sammeln möchte, sondern sich von kompetenten Yogalehrern und langjährigen »Tibeter«-Übenden informieren und inspirieren lassen möchte, dem empfehlen wir dieses Buch.

Fünf »Tibeter«

Die Fünf »Tibeter« Duftmischung
aus Himalaja-Zeder, Bergwacholder,
Rhododendron und anderen
ätherischen Ölen.

5 ml Fläschen im Geschenkset
mit Massagehandroller
und Merkblatt
DM 16,80 / ATS 124,00 / sFr. 16,80

Die Duftgestalter von
PRIMAVERA LIFE haben
für uns eine Fünf »Tibe-
ter« Duftmischung aus
100% natürlichen ätheri-
schen Ölen zusammenge-
stellt. Ihre wohltuende
Wirkung entfaltet sich
auch dann noch, wenn
die Übung längst vorbei
ist und der Alltag wieder
begonnen hat.

Hannes Motal
Die Fünf »Tibeter« CD
Musik pur für Bewegung, Tanz und
kreative Entspannung
DM 36,95 / öS 273,00 / sFr 36,00
(unverbindliche Preisempfehlung)

Die acht Stücke der CD kreieren
einen dynamischen Klangraum zum
Üben. Aber auch wer sich nur entspannen oder tanzen will, kommt
mit dem fließenden Rhythmus dieser
Musik auf seine Kosten.

Dr. med. Ingfried Hobert
Gesundheit selbst gestalten
Wege der Selbstheilung und die
Fünf »Tibeter«. Ein Arzt berichtet
DM 24,80 / öS 184,00 / sFr 23,00

Dr. Hobert – Schulmediziner und
Naturheilkundler – wendet die Fünf
»Tibeter« seit Jahren zur unterstüt-
zenden Behandlung bei vielen Krank-
heiten und bei der Rekonvaleszenz
seiner Patienten mit großem Erfolg
an. Drei weitere Ärzte berichten
von ihren Erfahrungen mit dem
tibetischen Jungbrunnen.

Barbara Simonsohn
Die Fünf »Tibeter« mit Kindern
Gesundsein darf Spaß machen!
DM 19,80 / öS 147,00 / sFr 19,00

Ein Buch für alle Eltern, Lehrer und
Gruppenleiter, die schon früh das
Beste in „ihren“ Kindern hervorbrin-
gen und fördern möchten.

Devanando Weise / Jenny Frederiksen
**Die Fünf »Tibeter«-Feinschmecker-
Küche**
Mit 144 Rezepten auf der Basis von
Trennkost und mehr...
DM 29,80 / öS 221,00 / sFr 27,50

Mittlerweile in feinen Restaurants
auf der Speisekarte. Nicht ein Buch
über tibetische Küche, sondern ein
Buch mit schmackhafter Vollwertkost,
das auf den Ernährungstips Peter
Kelders beruht. Gesundheit geht eben
auch durch den Magen.

Maruschi Magyarosy / Brigitte
Streubel / Blue Star
**Die Fünf »Tibeter« in Aktion –
das Video**
DM 64,00 / öS 474,00 / sFr 62,00
(unverbindliche Preisempfehlung)

Ein wunderschön anzuschauendes
und zum Mitmachen inspirierendes
Video. Nie war es leichter, sich einen
Lehrer ins Haus zu holen und sich
einer Übungsgruppe anzuschließen.

Blue Star u. a.
Die Fünf »Tibeter« – Audio-Set
Musik und Motivation für die
täglichen Übungen (mit Poster)
DM 49,00 / öS 363,00 / sFr 48,00
(unverbindliche Preisempfehlung)

Kassetten für all diejenigen, die sich
lieber auf ihre Ohren verlassen und
beim Üben nicht nur auf einem flie-
genden Klangteppich schweben, sondern auch die führende Stimme eines
erfahrenen Lehrers hören möchten.

Peter Kelder / Blue Star
Die Fünf »Tibeter« – Medien-Set
Das Energieprogramm (mit Poster)
DM 63,00 / öS 466,00 / sFr 59,00
(unverbindliche Preisempfehlung)

Die Komplettpackung. Augen und
Ohren, Gehirn und Psyche, Muskeln
und innere Organe kommen voll auf
ihre Kosten.

Die Fünf »Tibeter«©

1. Stehen. Und drehen.
Zum Schluß: Hände zusammen
(auf Daumen schauen).
Kann auch als letzte
Übung praktiziert werden.

2. Liegen.
Kopf und Beine heben.
Ganzen Rücken am Boden!
Evt. Hände unter Gesäß, Knie
zeitweise
angewinkelt.

3. Knien.
Behutsam nach hinten beugen.
Zehen aufstellen. Immer erst Nacken strecken
und Kinn zur Brust. Abschluß: evt. "Embryo".

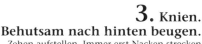

4. Aufrecht sitzen.
Körper zu einer
"Brücke" anheben.
Immer erst Nacken strecken
und Kinn zur Brust.

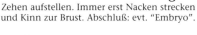

5. Liegen, aufstützen.
Das Becken hochheben.
Gesäßmuskeln anspannen.
(Rutschfester Untergrund!)

Diese Merkkarte erinnert Sie an das tiefe Atmen und das leichte Üben.
Sie will Ihnen den Anfang erleichtern und ersetzt keinesfalls die aus-
führlichen Anleitungen in Peter Kelders Buch *Die Fünf »Tibeter«*.-
Geben Sie sich Spiel-Raum und genügend Zeit, um sich Ihr Energie-
programm solide aufzubauen. Zu Anfang jede Übung nur drei Mal.
Vor den Erfolg haben die Götter die Achtsamkeit gesetzt...

Willkommen –
in *Ihrem* „Himalaya-Club"!

Sie haben *Die Fünf »Tibeter«* mit Interesse gelesen und für sich entdeckt. Sie haben inzwischen Erfahrungen mit diesen Übungsriten gemacht. Sie dachten auch schon daran, wie es wäre, mit anderen Entdeckern und Entdeckerinnen *Erfahrungen auszutauschen.* Oder die Übungen in einem Kreis mit weiteren Interessierten auch *gemeinsam zu praktizieren.* Es macht Ihnen Freude, zu teilen.

Dann geben Sie Ihr „Geheimnis" weiter – organisieren Sie jetzt Ihre Übungsrunde, gründen Sie dort, wo Sie leben, ganz zwanglos einen „Himalaya-Club". Sie haben viel zu geben.

Sie werden überrascht sein, wie viele nur auf Ihren Anstoß warten. Hören Sie sich um – in Ihrem Bekanntenkreis, Ihrer Nachbarschaft, im Sportverein, am Arbeitsplatz. Sagen Sie es anderen weiter, die es wieder anderen weitersagen...

Oder geben Sie zum Beispiel folgende Kleinanzeige auf:

Wollen Sie spüren, welche Energie in Ihnen steckt? Möchten Sie jünger werden? Oder sich einfach richtig gesund fühlen? Weitere Interessierte für „Himalaya-Club" in .... gesucht. Regelmäßige Treffen zu einfachen, wirkungsvollen Übungen nach Peter Kelder: Die Fünf »Tibeter«. Sie werden über sich staunen! Zuschriften Chiffre ...

Mögen die aufgezeigten Möglichkeiten Ihr Leben reicher machen und Sie Ihrem Lebensziel ein schönes Stück näher bringen.

Extra-Gruß aus Wessobrunn – Ihr Integral Verlag
Volker R. Karrer